KB169761

아르투어 쇼펜하우어

욕망으로 점철된 세상에서
꿋꿋하게 살기 위해

Arthur

아르투어 쇼펜하우어

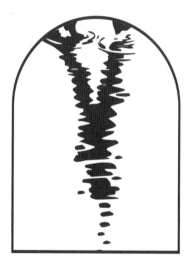

오늘을 비추는 사색

우메다 고타 | 노경아 옮김

까치

욕망으로 점철된 세상에서

꿋꿋하게 살기 위해

Schopenhauer

IMA WO IKIRU SHISO : SCHOPENHAUER YOKUBO
NI MAMIRETA SEKAI WO IKINUKU 今を生きる思想 シ
ョーペンハウアー　欲望にまみれた世界を生き抜く

by Umeda Kota 梅田孝太

Copyright © Umeda Kota, 2022
All rights reserved.
Original Japanese edition published by KODANSHA LTD.
Korean publishing rights arranged with KODANSHA LTD. through
EntersKorea Co., Ltd.
이 책의 한국어판 저작권은 (주)엔터스코리아를 통해 저작권자와 독점
계약한 (주)까치글방에 있습니다. 저작권법에 의하여 한국 내에서 보호
를 받는 저작물이므로 무단전재와 무단복제를 금합니다.

옮긴이 노경아(盧鏡娥)

한국외대 일본어과를 졸업하고 10년 가까이 회사원으로 살다가 뒤늦
게 번역가의 꿈을 이루었다. 현재 번역 에이전시 엔터스코리아의 전문
번역가로 활동하고 있다. 주요 역서로는『샤덴 프로이데』,『이나모리 가
즈오의 인생을 바라보는 안목』,『마르쿠스 가브리엘 VS』등이 있다.

편집, 교정_ 권은희(權똔喜), 김미현(金美炫)

아르투어 쇼펜하우어 : 욕망으로 점철된 세상에서 꿋꿋하게 살기 위해
저자/우메다 고타
역자/노경아
발행처/까치글방
발행인/박후영
주소/서울시 용산구 서빙고로 67, 파크타워 103동 1003호
전화/02 · 735 · 8998, 736 · 7768
팩시밀리/02 · 723 · 4591
홈페이지/www.kachibooks.co.kr
전자우편/kachibooks@gmail.com
등록번호/1-528
등록일/1977. 8. 5
초판 1쇄 발행일/2024. 9. 5

값/뒤표지에 쓰여 있음
ISBN 978-89-7291-848-6 04160, 978-89-7291-847-9 (세트)

차례

들어가는 글

고통으로 가득했던 삶

"카드는 운명이 섞고 승부는 우리가 겨룬다." 쇼펜하우어의 말이다. 그에 따르면 인생은 언제나 생각대로 되지 않는 아슬아슬한 승부의 연속이다(『인생론*Aphorismen zur Labensweisheit*』 제5장 84절).

우리는 삶의 목적을 찾지 못한 채 닥쳐오는 과제를 간신히 해결해가며 주어진 상황 속에서 최선의 수를 모색하고 때때로 실패하면서 살아간다. 물론 그 누구도 미래를 정확하게 예측할 수는 없다. 우리의 두뇌는 그렇게까지 우수하지 않기 때문이다. 그러니 내면의 충동이나 본능적인 감각을 단련하여 선택지를 고르는 수밖에 없다. 내일은 내가 낙오자가 될지도 모른다.

어쨌든 현대 사회는 살기 힘든 곳이다. 승자와 패자가 확실히 나뉘는 요즘에는 더욱 그렇다. 운명이 사람들 대부분에게 나눠주는 패는 초라하기 짝이 없다. 이럴 줄 알았다면 태어나지 않는 편이 나았을 것이다. 이런 "반출생주의antinatalismus"가 큰 논쟁을 일으키는 와중에 실제로 그런 생각에 동의하는 젊은이가 늘고 있다(제4장에서 자세히 설명하겠다).

일본의 상황을 둘러보기만 해도 출구 없는 삶의 고통이 현실적인 문제로 변해 우리 앞을 가로막고 있다는 사실을 알 수 있다. 저출생과 고령화가 점점 심각해지고, 기후 변화의 영향으로 경제 전망은 점점 어두워지고 있다. 지역과 세대 간의 격차도 계속 커진다. 임금 수준이 낮아서 가정을 꾸리는 것조차 포기하는 사람이 늘어나고 정치 불신도 심해지고 있다. 극소수를 제외하고는 노력만으로 출신의 불리함을 극복하기가 불가능한 세상이 되었다.

상황은 다른 나라도 마찬가지이다. 격차와 대립이 다양한 분야에서 커다란 균열을 낳고 있고, 안전망도 제대로 기능하지 않는다. 유행에 뒤처지고 기득권에서 소외되어 자신의 장점을 돈으로 바꾸는 데에 실패한 사람들은 사회의 짐이라도 된 듯 멸시당하고, 그 모든 실패가 "자기 책임"이라고 비난받으며 일방적으로 착취당한다.

물론 경제적인 풍요만이 인생의 목표는 아닐 것이다. "나다운 삶"이란 경제적인 풍요로 욕망을 채우는 삶이 아니다. 그러나 우리가 이 사회에서 살아가는 원동력은 대부분 욕망이다. "무엇인가를 가지고 싶다", "주위 사람이나 세상으로부터 좋은 평가를 받고 싶다"라는 생각으로 우리는 매일 애를 쓴다. 욕망은 삶에 꼭 필요한 활력의 원천이다.

사람은 욕망이 이루어지지 않으면 좌절과 괴로움을 느낀다. 누구나 자신의 욕망을 우선으로 충족하려고 하므로, 욕망으로 움직이는 사회에는 반드시 격차와 분단이 생기며 빈곤과 착취가 일어난다. 또한 누군가

풍요해지면 필연적으로 다른 누군가가 희생된다. 우리는 매일 그런 승부에 쫓기며 살아간다.

　인생은 고통이다. 이 말에 곧바로 "나는 그렇지 않아", "내 인생은 행복해"라고 대꾸하고 싶은 사람도 있을 것이다. 하지만 그것은 주관적인 생각이 아닐까? 그 사람은 엄밀히 말해, 지금 고통을 느끼지 않을 뿐이다. 다행히 지금은 선택을 그르치지 않고 좋은 것을 붙잡았을지 몰라도, 바로 다음 순간에 소중한 것을 잃을지도 모른다. 사실은 누구나 알다시피 이 세상은 불합리하여 노력에 대한 보상을 해주지 않을 때가 많다. 범죄와 재해, 질병과 죽음도 늘 우리 곁에 있다.

　객관적으로 생각했을 때 인생은 본질적으로 고통이다. 이 책에서는 그 명제를 따져본다. 물론 이 명제를 굳이 처절히 이해하고 싶은 사람은 없겠지만, 언제까지나 외면할 수도 없다. 소중한 것을 잃거나 승부에서 패배하면 싫어도 객관적인 현실을 직시하게 되기 때문이다. 그래서 인생을 객관적으로, 철학적으로 생각해볼 필요가 있다.

과연 삶이란 무엇일까? 우리는 고통 가득한 삶을 어떻게 살아야 할까? 이 문제에 정면으로 맞붙은 사람이 19세기 독일의 철학자 쇼펜하우어(1788–1860)이다. 그는 대표작『의지와 표상으로서의 세계*Die Welt als Wille und Vorstellung*』를 통해서 생의 준엄한 본질을 밝히려 노력한 끝에 궁극적으로 "의지 부정"의 사상에 도달했다. "삶은 고통이다"라는 주장이 특히 유명해서 사상 전체가 염세주의 또는 비관주의로 받아들여질 때가 많지만, 사실은 그렇지 않다. 오히려 날카로운 아포리즘aphorism(깊은 진리를 간결하게 표현한 말이나 글/역주)을 담은『문장론*Syntax*』등이 오늘날까지 널리 읽히고 있다.

삶의 고통에서
어떻게 벗어날까

사람들은 왜 지금 쇼펜하우어를 읽을까? 그 이유는 쇼펜하우어를 읽음으로써 인생의 승부에서 잠시 멀리 떨

어져 철학적인 사고 공간을 머릿속에 마련하고, 인생이란 무엇인지 객관적으로 생각할 수 있기 때문이다. 특히 삶의 고통이 격심해진 현대 사회에서 살아가는 사람에게 쇼펜하우어의 철학은 일종의 구원이 될 것이다.

이 "사고 공간의 확보"는 쇼펜하우어뿐만 아니라 대부분의 서양 철학에서 발견되는 의의이다. 그러나 쇼펜하우어의 철학이 제공하는 사고 공간에는 특별히 뛰어난 특징이 있다. 서양 전통에 근거하면서도 그 중심에 서양 사상 최초로 고대 인도 철학과 불교 사상을 도입했고, 지금은 전 세계에서 독자를 얻어서 소위 세계 철학의 지위를 가지게 된 특이한 철학이기 때문이다. 쇼펜하우어가 사색 끝에 찾아낸 결론은 삶의 고통에서 해방되는 "해탈"의 경지였으며, 그 필수 조건은 "의지의 부정"이었다. 바로 이것이 쇼펜하우어 철학의 독보적인 특징이자 퇴색하지 않는 매력이다.

나는 이 책을 쇼펜하우어 철학 입문서로 집필했으며, 독자가 쇼펜하우어와 함께 삶의 본질을 생각할 수 있도록 핵심만 뽑아서 전달하는 데에 특히 심혈을 기울였다.

구도 철학과
처세 철학

이 책을 쓰기로 마음먹은 것은 욕망을 먹고사는 현대 사회, 그리고 그것을 움직이는 사람들의 마음이 슬슬 한계에 도달했다고 확신했기 때문이다. 자본주의의 구조는 영원한 발전을 전제로 성립한다. 즉, 이윤을 끊임 없이 추구하고 새로운 무엇인가를 속속 개발하고 더 큰 풍요를 향해서 경제를 굴러가게 만들지 않으면 붕괴 하는 구조인 것이다.

그러나 이 사회의 구성원 대부분은 어릴 때부터 주위 사람들이 차례차례 시야에서 사라지고 낙오하는 시체 투성이 세상을 목격해왔다. 그래서 욕망에 닦달당하며 끝없이 승부에 내몰리는 삶에 실망하고 한계를 느낀 나 머지 진절머리를 치게 된 것이다. 그러니 지금이 바로 쇼펜하우어 철학을 실마리 삼아 삶의 본질을 들여다보 아야 할 때가 아닐까?

이 책에서는 쇼펜하우어가 제시한, "삶의 고통을 직

시하는 법"을 두 가지로 정리했다. 첫 번째는 대표작 『의지와 표상으로서의 세계』에 소개된 "욕망의 철저한 부정"이다. 이 책에서 쇼펜하우어는 삶의 고통을 직시하고 고통의 원천인 욕망을 부정하며 자아를 넘어서라고 말한다. 그리고 철저한 부정을 통한 깨달음의 경지, 즉 "의지 부정"을 지향하는 **구도**求道 **철학**을 제시한다.

쇼펜하우어는 엄격하지만은 않다. 당근과 채찍을 능숙하게 구사하여, 독자를 질타하고 독려하면서도 마음을 이해해주고 유머로 고통을 표현하면서 인생의 지침에 관한 실마리를 준다. 그래서 쇼펜하우어의 저작이 삶의 고통을 누그러뜨리는 용도로 현대까지 계속 읽히는 것이다.

쇼펜하우어 철학의 이런 측면을 이 책에서는 **처세 철학**이라고 부른다. 이 처세 철학을 담아 만년에 출간한 책 『여록과 보유*Parega und Paralipomena*』(국내에서는 『쇼펜하우어의 인생론』 등 여러 제목으로 출간/역주)는 대표작인 『의지와 표상으로서의 세계』와는 분위기가 상당히 다르다. 물론 대표작의 부록으로 쓰인 책이니 사상의 핵심이 "의지의 부정"이라는 점에서는 비슷하지만, 『여록과 보유』에는 대표작에 없던 메시지가 담겨 있다. 대표작이 구도를 권하는 책인 데 비해서, 『여록과 보유』는 욕망으로 점철된 이 세상에 잘 적응하지 못하면서도 여전히 살아야 하는 사람들을 위한 처세의 지혜를 담고 있다. 다시 말해서 『여록과 보유』는 평범한 사람들이 의지 부정의 중요성을 이해할 수 있도록 돕는 책이다. 여기에서 쇼펜하우어는 욕망을 최대한 포기하여 고뇌를 줄이고 평화롭게 살기 위한 사고방식, 그리고 어쩔 수 없는 일을 어쩔 수 없는 일이라고 인정하는 처세 철학을 제시한다.

지금 여러분이 읽는 이 책은 지금까지 설명한 쇼펜하우어 사상의 두 가지 측면을 대비하면서 후자인 인생론까지 제대로 살펴본다는 점에서 특별하다. 나는 이 책에서 쇼펜하우어 철학을 읽는 일이 곧 "마음 돌봄"이라는 점을 강조하고 싶다. 철학은 고대 그리스 이래 전통적으로 "영혼 돌봄"의 좋은 도구로 여겨져왔다. 쇼펜하우어도 이 전통을 계승한 사람이므로, 그가 제시한 철학으로 현대인에게 특히 필요한 마음 돌봄을 실현할 수 있다.

지금까지 말한 의의를 실현하기 위해서, 이 책은 총 4장으로 구성되었다. 제1장에서는 쇼펜하우어의 생애를 소개하고 그가 왜 의지의 부정을 추구했는지, 다시 말해서 철학자 쇼펜하우어가 어떻게 탄생했는지 알아본다. 제2장에서는 대표작 『의지와 표상으로서의 세계』에서 제시한 **구도 철학**을 설명한다. 제3장에서는 이 대표작과 대비되는 『여록과 보유』의 사상을 **처세 철학**으로 특징지어 소개한다. 제4장은 제1-3장의 응용편으로, 쇼펜하우어 철학의 현실적인 측면을 다룬다. 이 책을 통해서 준엄한 철학의 길잡이이자 인생의 고통을 누그러뜨리는 특효약인 쇼펜하우어 철학의 핵심에 가까이 다가서보자.

제1장

철학자 쇼펜하우어의 탄생

그 생애와 걸어온 길

1. "의지 부정"의 철학자

인생의 목표는 어디에 있을까? 우리는 매일 먹고 마시
고 자기를 죽을 때까지 반복한다. 그러면서 가족과는
화목하게, 친구들과는 사이좋게 지내고 학교에서는 진
지하게 공부하며 좋아하는 일을 찾고 소중한 인연을
만나 결혼해서 행복하게 살면서 멋진 집을 마련하고 가
능하면 귀여운 아이도 낳고 싶어한다. 인간의 욕망에는
한이 없다. 우리는 욕망을 조금이라도 더 충족하기 위
해서 매일 살아간다.

그러나 좋지 않은 환경에서 태어나거나 한순간 선택을 그르치면 쉽게 낙오자가 되고 만다. 운명은 늘 비정하다. 이해심 없는 사람들은 어디에나 있고, 좌절은 언제나 다음 길목에서 우리를 기다린다. 무엇인가를 이루어 즐거워진다고 해도 머지않아 지루해지니 행복감은 오래 가지 않는다. 채워지지 않는 욕망에 계속 휘둘리는 인생에는 종착지가 없다.

삶은 고통일 뿐이다. 그런데 이런 "삶의 비참함"을 철학의 주제로 삼아 객관적으로 밝힌 철학자가 있다. 바로 쇼펜하우어이다. 그는 욕망에 휘둘리는 인생의 반대편에 있는 준엄한 자유의 경지를 지향하겠다고 생각하는 사람들의 위대한 선구자라 할 수 있다. 쇼펜하우어의 철학은 의지 부정의 철학이다. 즉 쇼펜하우어는 죽을 때까지 우리를 조종하는 "삶의 의지"로부터의 자유를 추구했다.

쇼펜하우어가 철학자로서 이런 자유를 추구하게 된 이유는 무엇이었을까? 제1장에서는 그의 철학이 어떻게 탄생했는지 알아본다.

우울과 암흑의 시대

쇼펜하우어는 어떤 시대를 살았을까? 19세기 독일은 혁명의 꿈이 좌절되었다는 우울감이 팽배한 상태였고, 전통적인 도덕과 사회 체제조차 제대로 기능하지 않았다. 즉 앞이 보이지 않는 어둠 속이었다.

이전 시대는 꿈과 희망으로 넘쳤다. 1789년의 프랑스 혁명이나 이후 나폴레옹의 진군은 구체제 타도와 시민 혁명의 실현이라는 꿈을 전 유럽에 안겨주었다. 사람들은 근대 시민 사회의 일원이 되어 전례 없는 정치적 자유와 통일적 질서를 실현하겠다는 기대감으로 가슴이 부풀어 있었다. 사람은 모두 평등하며 공통된 이성을 지녔으므로 이해를 뛰어넘은 결속과 고상한 이념으로 현실을 더 낫게 재구성할 수 있다고 믿었다.

그러나 나폴레옹이 전투에서 패배하여 물러난 이후 유럽에는 빈 체제가 들어섰고 혁명은 기세를 잃었다. 빈 체제는 왕정으로 회귀한 보수적 국제 질서로, 이전의 분위기에 대한 반동으로 성립한 체제였다.

시민들은 유럽 각지에서 다시 봉기하여 1848년 혁명

(프랑스 혁명 등 빈 체제를 향한 전 유럽적 자유주의 저항 운동/역주)을 일으켰고, 구체제를 상당히 무너뜨리는 데에 성공했다. 독일에서도 3월 혁명이 일어났다. 그러나 그 결과 19세기 후반의 유럽을 뒤덮은 것은 자유, 평등, 통일이라는 이념에서 도출된 질서가 아니라 모든 시민과 모든 국가가 오직 이해만을 좇으며 서로 다투는, 어두운 욕망으로 점철된 혼돈이었다.

이념은 어느 틈에 사라진 것일까? 19세기 초까지 농업국이었던 독일도 19세기 후반이 되자 산업 혁명이 일으킨 공업화의 파도에 휩쓸렸고, 농토를 이탈한 농민들은 열악한 환경에 내몰려 노동을 해야 했다. 정치가 안전망을 마련하지 않은 채 경제 체제를 자유주의로 전환한 결과, 빈곤층이 늘어나고 계급 사이의 대립이 심각해져서 모든 사람이 이념보다 실리를 추구하게 된 것이다. 요컨대 19세기는 자본주의의 빛과 그림자가 사회를 역동적으로 뒤흔드는 가운데 모두가 제동장치 없이 폭주한 시대였다.

쇼펜하우어는 이처럼 모두가 이념에 따라 사회를 구

성하기보다는 이기적인 이익을 추구하면서 사회를 합리적으로 구축하고 싶다는 욕망에 휘둘리는 와중에 등장했다. 그는 전 세계를 지배하려는 욕망의 톱니바퀴에 저항하기 위해서 "부정"의 철학을 구상하고 욕망에서 자유로운 삶을 모색하고자 했다. 그렇게 된 결정적인 계기는 무엇이었을까?[1]

"아르투어"라는 이름

이름은 때로는 축복으로, 때로는 저주로 작용한다. 쇼펜하우어는 1788년에 자유 도시인 단치히(현 폴란드령 그단스크)에서 태어나 아르투어라는 이름을 얻었다. 유럽의 다양한 언어에서 같은 철자로 널리 통용되는 이름이었다. 유럽을 두루 돌아다니며 활약한 무역상이자 단치히에서도 손꼽히는 자산가였던 아버지 하인리히 플로리스 쇼펜하우어Heinrich Floris Schopenhauer는 아들이 장래에 자신처럼 국제적으로 활약하는 사업가가 되기를 바라는 마음으로 아르투어라는 이름을 붙인 것이다.

쇼펜하우어 일가의 가훈은 "자유 없이는 행복도 없

다*Point de Bonheur sans Liberté*"였다. 이들은 공화주의와 계몽주의, 그리고 혁명의 꿈을 길러준 프랑스와 영국의 문화를 동경하고 흠모했다. 프로이센이 단치히를 병합하려고 하자 가족 모두가 자유 도시인 함부르크로 이주했을 정도이다. 해상 무역에 종사했던 아버지 플로리스로서는 전 유럽의 무역품이 모여드는 항구 마을 함부르크가 일을 하기에 매우 편했을 것이다. 쇼펜하우어는 이런 아버지 슬하에서, 기지를 발휘하여 경제적으로 성공하는 것과 전통적인 사회제도나 권위에 얽매이지 않고 자립하여 사는 것이야말로 확고한 이상이라고 배운 듯하다.

소년 쇼펜하우어의 갈등[2]

쇼펜하우어는 어릴 때 뛰어난 사업가가 되기 위한 영재 교육을 받았다. 자유를 사랑한 플로리스는 아들이 교양 있는 근대 시민으로 성장해 세계로 뻗어나가기를 바랐고, 이에 따라 아들을 자신의 동업자인 그레구아르 드 블레시메르Grégoire de Blésimaire가 거주하던 프랑스 르

아브르로 보내서 당시 국제어였던 프랑스어를 배우게 했다. 쇼펜하우어는 프랑스어에 금세 통달하여 아버지가 존경한 볼테르Voltaire의 서정시에 열광하게 되었다. 평생의 취미였던 플루트 연주도 이때 배웠다.

이후 함부르크로 돌아와서는 사업 공부에 더욱 힘쓰기 위해 요한 하인리히 크리스티안 룽게Johann Heinrich Christian Runge 박사의 사립 학교에 다녔다. 이 학교에서는 지리와 산수, 부기와 외국어 등 사업에 필요한 지식뿐만 아니라 국제적으로 활약하기 위한 필수 교양으로 철학과 종교, 윤리, 역사도 가르쳤다. 특히 룽게 박사는 타인의 마음을 헤아리고 관용적으로 행동하며 거짓말하지 않으면서 사업을 통해서 사람들의 삶을 개선하려고 애쓰는 것이 도덕적 의무라고 가르쳤다. 자애를 강조하는 쇼펜하우어의 윤리 사상도 그 영향으로 형성되었을 것이다. 그러나 쇼펜하우어는 이 함부르크 최고의 명문 학교에서도 학문을 향한 자신의 열정을 다 채우지 못했다. 학문에 몰두하는 경향이 이미 이때부터 나타난 것이다.

쇼펜하우어는 어느새 사업가가 아닌 학자의 길을 꿈꾸기 시작했다. 사업가가 되는 훈련에 청춘을 바치기가 싫었는지도 모른다. 실제로 그 훈련은 매우 혹독하여, 상업 회사의 도제로 들어가서 7년이나 더부살이한 후 3년 동안 급여도 받지 못하는 "수습 직원"으로 봉사해야 했다. "그 시간에 학문을 얼마나 연구할 수 있겠는가"라고 생각하는 것도 무리가 아니다. 그러나 쇼펜하우어가 사업가로서의 삶을 거부한 이유는 무엇보다 룽게 밑에서 깊이 배운 고전어와 문학, 시, 철학의 매력에 마음을 빼앗겼기 때문일 것이다. 쇼펜하우어는 책을 닥치는 대로 읽으면서 아버지가 사랑한 볼테르뿐만 아니라 장-자크 루소Jean-Jacques Rousseau의 저작에도 친숙해졌다. 그리고 이들에게서 자유를 사랑하는 마음과 인간 사회의 불평등을 냉철하게 응시하는 시선을 물려받았다. 이후 그가 구사한 역설적이고 유려한 문체, 철학자로서의 밑바탕이 전부 이때의 공부로 만들어졌을 것이다.

아버지 플로리스는 쇼펜하우어에게 양자택일을 재

젊은 날의 쇼펜하우어

촉했다. 김나지움에 입학하여 대학 과정을 수료하고 학문의 길로 나아가거나, 가족과 함께 전 유럽을 여행한 후에 상업 회사에서 도제 수업을 시작하라는 것이었다. 어려서부터 여행의 매력을 듣고 자란 쇼펜하우어로서는 두 번째 선택지를 거절하기가 쉽지 않았다. 결국 그는 열다섯 살이 되던 해부터 1년 반 남짓이라는 긴 시간 동안 가족과 함께 네덜란드와 영국, 프랑스, 스위스, 오스트리아를 돌며 각 지역의 사회 상황과 역사 유물을 둘러보았다. 그리고 약속대로 함부르크의 예니슈 상회에서 수습 생활을 시작했다.

쇼펜하우어 철학의 원체험

쇼펜하우어가 근대 시민의 삶을 거절하고 욕망으로부터의 자유를 추구하는 철학자가 된 이유는 무엇일까? 소년 시절 장기간의 유럽 여행에서 인간 사회의 비참한 현실을 목격했기 때문이다.

당시 유럽은 결코 안정된 상태가 아니었고, 특히 영국과 프랑스 사이에서는 서로를 견제하는 아슬아슬한 분위기가 유지되었다. 그런 와중에 결행한 여행에서 쇼펜하우어의 마음을 강하게 사로잡은 것은 길에 나앉아 가난에 허덕이는 사람들의 모습이었다. 그리고 유럽 각지에서 그가 본 역사 유물은 인간이 투쟁의 역사를 걸어왔다는 증거였다.

나아가 런던에서 공개 교수형을 목격했고, 지중해에 면한 남프랑스의 툴롱에서는 갤리 선 감옥을 방문했다. 이 비참한 감옥은 빅토르 위고Victor Hugo가 쓴 『레미제라블Les Miserables』의 한 장면으로도 유명하다.[3]

감옥 겸 병기고로 쓰이는 폐선박을 방문했을 때에는 쇠사슬에 묶인 죄수들이 열악한 환경에서 강제로 노동하는 장면을 보고 특히 충격을 받았다. 그는 전율하면서도 죄수들의 모습을 냉정히 관찰하여 일기에 자세히 기록했다. 죄수들의 생김새를 묘사한 부분은 인상학(인상으로 사람의 기질과 성격, 운명을 알아내는 학문/역주)의 소재가 되고도 남았을 정도로 상세하다. 쇼펜하우어의 태도는 흥미로운 표본을 들여다보는 연구자처럼 냉정하고 태연했다.

당시 범죄자들은 형기가 끝나도 세상에 따뜻하게 받아들여지지 못했으므로 다시 죄를 짓고 감옥으로 돌아가기를 반복했다. 쇼펜하우어는 여기에서 범죄자가 무한한 고통에 시달리는 모습을 목격했다. 하지만 부유한 자산가의 자식으로서 연민의 눈으로만 그들을 본 것은 아니었다. 오히려 소년 쇼펜하우어는 모든 인간이 "삶의 비참함", 즉 출구 없는 영원한 감옥에 갇혀 있다는 보편적 사실을 깨달았다. 그는 이때 목격한 삶의 비참함을 1832년 일기에 이렇게 기록했다.[4]

열여섯 살에 나는 삶의 비참함에 마음을 빼앗겼다. 학교에서 교양 교육을 많이 받지도 않았는데 병과 노화, 고통, 죽음에 마음을 빼앗겼던 청년 시절의 부처처럼 말이다. 세상에서 크고 또렷하게 전파되는 이 진리는 내 안에도 새겨져 있던 유대교의 가르침을 완전히 뒤엎어버렸다. 나는 이렇게 결론지었다. "이 세상이 최선의 존재가 만든 작품일 리 없다. 이 세상은 오히려 악마의 작품이다. 고뇌하는 모습을 보고 흡족해하려고 악마가 피조물을 이 세상에 불러낸 것이다." 모든 사실이 이 믿음을 뒷받침했고, 그런 믿음이 우위를 차지하게 되었다.

쇼펜하우어는 만년에 자신과 자신의 신봉자들을 "불교도"라고 불렀으며, 지인에게 "부처와 플라톤과 칸트야말로 3대 철학자"라고 말하기도 했다. 불교의 핵심이 "삶의 비참함"에서 탈출하기 위한 "해탈解脫"에 있다고 보았기 때문이다.

그가 목격한 삶의 비참함은 그만큼 심각했다. 심지어 폐선박 감옥의 죄수들 외에도 비참한 사람들이 세상에 가득했다. 아무도 그런 비참한 자들에게 손을 내밀려고 하지 않고 자신은 상관없다는 듯 살아가고 있었는데, 사실은 그들이야말로 이기적인 욕망에 갇힌 죄수이자 슬프고 비참한 존재였다. 하지만 이 세상에서 살아가는 동안에는 누구도 욕망에서 벗어날 수 없었다.

이 일기에서 "이 세상은 그야말로 최악"이라는 비관주의적 생각을 읽어낼 수 있다.

쇼펜하우어는 소년기의 유럽 여행 이후 "삶은 고통"

이라고 단언하면서 철학자로서의 첫걸음을 뗐다. 그때 인간 사회의 비참함을 목격하고 인생은 영원한 감옥임을 깨달았으므로 욕망으로부터의 자유를 추구하게 된 것이다.

2. 생애와 걸어온 길

이제 쇼펜하우어의 생애와 저작을 간략하게 정리해보 겠다.[5]

쇼펜하우어의 생애는 크게 세 시기로 구분할 수 있다. ① 철학을 동경한 학업 시기, ② 철학 체계를 구축한 저서 집필 시기, ③ 윤리 사상을 창출한 프랑크푸르트 시기이다.

쇼펜하우어의 학업 시기

이 책에서는 쇼펜하우어가 사업가가 되려고 공부하던 어린 시절과 대학 입학 이후 학위 논문을 제출할 때까

지 철학도로서 공부한 시절을 합쳐서 학업 시기라고 부른다.[6]

앞에서 이야기한 대로, 이 시기에 쇼펜하우어는 삶의 비참함을 직면하고 철학자가 될 마음을 굳혔다. 다만 그는 결코 현실을 외면하거나 고독한 이상 세계에 틀어박히지 않았다. 폐선박 감옥의 죄수들을 똑바로 응시했던 것처럼, 그의 철학은 어디까지나 경험에 근거하여 현실을 직시하는 현실적인 철학이었다.[7] 이처럼 현실적인 철학을 형성한 데에는 경험만을 믿으려고 했던 사업가 아버지의 모습, 그리고 사업가가 되려고 배웠던 교양, 자연과학의 영향이 컸을지도 모르겠다.

학업 시기 중에 쇼펜하우어 일가가 유럽 여행에서 돌아온 해에 중대한 일이 생겼다. 아버지 플로리스가 급사한 것이다. 쇼펜하우어는 아버지가 자살했다고 생각해 큰 충격을 받았다. 자유를 사랑하는 근대 시민으로 이상적인 삶을 실천해온 아버지가 어째서 스스로 생을 마감한 것일까? 쇼펜하우어는 한순간에 삶의 지침을 잃었다.

이 사건은 소년 쇼펜하우어의 마음에 깊은 절망을 남겼다. 아무리 유복하고 훌륭한 삶을 살아도 사람은 행복해질 수 없다는 사실을 깨달았을 것이다. 동시에 아버지와의 약속이 그의 마음을 저주처럼 옭아매며 훌륭한 사업가가 되어 행복해질 것을 강요했다.

어머니 요하나Johanna Schopenhauer는 깊은 갈등으로 고민하는 쇼펜하우어를 지켜본 끝에, 수습 일을 그만두고 김나지움에 다니게 했다. 심지어 가정 교사까지 붙여 학자가 되고 싶어하는 아들을 지원하고 격려했다.

가족은 대들보를 잃었지만 생활은 불안하지 않았다. 이때 쇼펜하우어는 아버지의 유산 중 3분의 1을 물려받았다. 이후에도 몇몇 상업 회사에 투자하는 등 자산을 잘 운용하여 이미 평생 생활하기에 충분한 자산을 확보했다고 한다.

이때 요하나가 아들의 학문을 지원한 데에는 아버지를 여읜 후 줄곧 우울한 상태였던 쇼펜하우어를 빨리 독립시킬 의도가 있었는지도 모른다. 실제로 독립심이 강했던 요하나는 자신의 경력을 구축하기 위해서 바이마르로 이주했고, 그곳에서 예술가와 지식인이 모이는 사교 모임을 개최하여 일약 유명인이 되었다. 그 모임에는 철학자들도 참석했는데, 그중 괴테Johann Wolfgang von Goethe와의 교류가 쇼펜하우어에게 큰 영향을 미쳤다. 동양학자 프리드리히 마예르Friedrich Majer와의 만남도 그 모임에서 이루어졌다. 이 만남을 계기로 쇼펜하우어는 평생 인도 철학을 가까이하게 되었다.

쇼펜하우어는 스물한 살에 마침내 괴팅겐 대학교에 입학하여 본격적으로 철학자의 길을 걷기 시작했다. 1737년에 영국 왕이 세운 이 대학은 최첨단 자연과학을 추구하는 선진적인 분위기로 가득했다.[8] 쇼펜하우어는 처음부터 고전적인 철학이 아니라 시대를 앞서가는 과학을 배우려고 했다.

어머니 요하나는 아들이 돈벌이가 되는 학문에 종사하기를 바라고 법학을 권한 듯하다. 그러나 전부터 인상학과 골상학(머리뼈 모양으로 인간의 성격과 심리적 특성 및 운명 등을 추정하는 유사 과학/역주)에 관심이 많았던 쇼펜하우어는 의학부에 입학했다. 인간의 정신을 알기 위해서는 신체를 알아야 한다는 철학적 견해가 이때 이미 확립되어 있었기 때문이다.

그리고 쇼펜하우어는 드디어 괴팅겐 대학교의 2년차에 해당하는 1810년부터 1811년 사이의 겨울 학기에 철학자로서의 사고의 틀을 갖추게 되었다. 철학자 고틀로프 에른스트 슐체Gottlob Ernst Schulze의 "형이상학"과 "심리학" 강의를 수강한 것을 계기로 철학 연구를 본격적으로 개시한 것이다. 슐체는 쇼펜하우어에게 고대 그리스의 플라톤 철학과 근대 독일의 칸트 철학을 연구하라고 권하면서, 그 두 사람의 철학에 통달하기 전까지는 다른 철학자들에게 눈을 돌리지 말라고 조언했다.9 이 조언은 후에 쇼펜하우어 철학의 구조에 결정적인 영향을 주었다.

쇼펜하우어는 플라톤 철학을 기반으로 자연 세계와 구별되는 초자연적인 세계(즉 "이데아")를 생각하기 시작했다. 플라톤 철학은 일상을 넘어선 초월적인 세계에 대한 강한 동경을 불러일으키는 사상이다. 반대로 칸트 철학은 인식의 한계를 인간에게 인식되는 범위 내의

"현상"으로 규정하므로 그 반대편에 있는 초월적 "물자체"(칸트 철학의 기본 개념인 물자체Ding an sich 또는 누메논noumenon은 감각을 사용하여 독립적으로 인식할 수 있는 사물 또는 사건을 말한다. 반대 개념은 "현상 = 페노메논phenomenon"으로, 플라톤 철학의 "이데아"에 해당한다/역주)로의 논리 비약에 회의적인 태도를 보인다.

제2장에서 더 자세히 소개하겠지만, "현상과 물자체의 구별"로 불리는 이 문제는 이후 서양 철학의 위대한 출발점이자 철학자들이 넘어서야 할 최대의 과제가 되었다. 쇼펜하우어도 이 과제를 이어받아 자신의 철학을 구축하기 시작했다.

쇼펜하우어는 연구를 더 심화할 생각으로 일찌감치 1811년에 베를린 대학교로 옮겼다. 그곳에 당대 최고의 철학자로 알려진 피히테Johann Gottlieb Fichte가 있었기 때문이다. 칸트 철학의 후계자로 지목받던 피히테는 "현상과 물자체의 구별"을 넘어서기 위한 "지식학"을 제창했다. 그러나 기대가 금세 실망으로 바뀐 듯, 쇼펜하우어는 피히테의 "지식학Wissenschaftslehre"을 "텅 빈 학문

Wissenschaftleere"이라고 부르며 야유하게 되었다.[10]

그럼에도 쇼펜하우어는 피히테의 강의에 계속 출석하여 최대한 많이 배우려고 했고, 1812년 여름까지 피히테의 다양한 저작을 연구한 것으로 보인다. 그는 이 베를린 시절에 다양한 철학 사상을 독학으로 접하며 하나씩 흡수해나갔다. 구체적으로는 플라톤Platon에 필적한 고대 그리스의 대철학자 아리스토텔레스Aristoteles, 17세기 네덜란드의 범신론 사상가 스피노자Baruch de Spinoza, "아는 것이 힘"이라는 말로 유명한 근대 영국 철학자 프랜시스 베이컨Francis Bacon, 영국 경험론으로 알려진 조지 버클리George Berkeley와 존 로크John Locke, 독일 관념론자이자 신新 칸트파인 야코프 프리스Jakob Fries, 칸트Immanuel Kant를 비판한 프리드리히 야코비Friedrich Jacobi 등의 사상을 연구했다. 그뿐만 아니라 괴팅겐 시절부터 흥미를 느꼈던 플라톤과 칸트, 그리고 프리드리히 셸링Friedrich Schelling의 사상도 계속 연구했다.

그 결과 쇼펜하우어는 "더 나은 의식"이라는 중요한 개념을 도출했다. 더 나은 의식이란, 이론적으로도 실천적으로도 모든 이성과 시간을 넘어선 곳에 존재하는 초감각적인 의식을 말한다. 쇼펜하우어는 이때부터 일상적인 삶의 비참함을 꿰뚫어보고 그 심연에 무엇이 있는지 파악하려고 한 것이다.

이후 쇼펜하우어는 나폴레옹의 진군에 휘말리지 않으려고 베를린에서 루돌슈타트로 이주하여 학위 논문 「충족이유율의 네 겹의 뿌리에 관하여*Über die vierfache Wurzel des Satzes vom zureichenden Grunde: Eine philosophische Abhandlung*」를 썼다.[11] 그리고 전쟁의 포화를 피해 예나 대학교에 이 논문을 제출하여 1813년 10월에 "극히 우수하다"라는 영예로운 평가와 함께 박사 학위를 받았다(그러나 수여식에는 불참한 듯하다). 이때 쇼펜하우어는 이 학위 논문의 출간본을 슐체와 괴테에게 보냈지만 별다른 반향은 얻지 못했다. 그가 철학자로서 세간에 널리 인정받은 것은 먼 훗날의 일이다.

대표작 집필 시기

쇼펜하우어는 학위 논문을 제출한 후 바이마르로 돌아

와 어머니의 사교 모임에 참석한 괴테, 그리고 동양학자 마예르와의 교류를 이어갔다. 1813-1814년의 일이다. 이 시기에 괴테에게서 광학 실험 장치를 빌려 공동으로 색채론을 연구하고 『시각과 색채에 관하여*Über das Sehen und die Farben*』를 쓰기도 했다.[12]

다만 쇼펜하우어와 괴테의 견해에는 근본적인 차이가 있었다. 괴테는 색을 주관의 작용으로 보지 않고 실체 자체로 보는 "실체론적 견해"를 유지했다. 반면 칸트 철학의 후계자를 자처한 쇼펜하우어는 주관의 작용을 강조하는 "관념론적 견해"를 고수했다. 이로써 쇼펜하우어는 자신의 철학이 괴테 철학보다 칸트 철학에 가깝다는 사실을 자각하고, 향후 연구의 필요성을 절감했을 것이다.

그래도 쇼펜하우어는 괴테와의 우정을 "내 인생에서 가장 기쁘고 다행스러운 사건"으로 기록했다.[13] 그리고 "천재"를 생각할 때마다 괴테를 떠올렸다. 괴테 역시 쇼펜하우어의 희귀한 지성을 인정하고 이 까다로운 철학자와의 관계를 유지했다. 그러나 두 사람의 길은 서서히 갈라지게 되었다.

한편 마예르와의 만남은 쇼펜하우어에게 고대 인도 철학의 매력을 전해주고, 이후 그의 사상에 결정적인 영향을 미쳤다. 이에 따라서 쇼펜하우어는 동양의 종교를 조사하기 위해 바이마르 공립 도서관에서 『아시아지*Asiatisches Magazin*』, 『우프네카트*Oupnekhat*』[14], 폴리어 부인의 『힌두 신화*Mythologie des Indous*』[15] 등을 빌려 읽었다. 『우프네카트』는 역자인 안퀴틸 듀페론Anquetil-Duperron이 고대 인도 철학을 칸트 철학과 결부하여 해설한 책이고, 『힌두 신화』 역시 폴리어 부인이 비슷한 생각을 피력한 책이다.[16] 쇼펜하우어는 이후로 줄곧 동양 종교에 관한 연구 결과를 탐독했으며 그 기반 위에 고유한 철학 체계를 구축했다.

이후 쇼펜하우어는 혼자서 사교의 장 바이마르를 떠나 드레스덴으로 향했다(1814). 어머니와는 이때 크게 다투고 두 번 다시 만나지 않았다. 이 일화를 통해서 까다롭고 사교에 서투르고 격앙되기 쉬운 쇼펜하우어의 성격을 엿볼 수 있다. 쇼펜하우어는 사교적인 아부를 싫어했고 타인과 얽혀 마음을 어지럽히기보다는 고독하게 사는 편을 좋아했다. 그래서 이후 드레스덴에서 철학 체계를 완성하는 일에 몰두한다.

쇼펜하우어는 드레스덴에서 플라톤과 칸트, 고대 인도 철학을 결부하기 시작했다. 그래서 『우프네카트』를 다시 빌려 읽고, 『아시아 연구Asiatick Researches』라는 시리즈 도서에서 "윤회, 환생"과 "열반", "카르마(업보)" 등의 개념, 그리고 부처의 가르침을 배웠다.

쇼펜하우어에게 플라톤과 칸트, 고대 인도 철학은 모두 미혹과 고통으로 가득한 일상 세계로부터의 해탈을 주장하는 사상이었다. 해탈이란 일상을 넘어선 "더 나은 의식"을 통해서 우리를 뒤덮은 욕망과 우리를 유혹하는 "마야māyā"(산스크리트로 환영, 속임수, 외관/역주)의 힘에서 탈출하는 것이었다.

쇼펜하우어가 이때 성립한 해탈 사상에는 앞에서 말한 플라톤, 칸트, 고대 인도 철학이라는 세 요소와 독일 관념론뿐만 아니라 잔 귀용Jeanne Guyon의 자서전, 요하네스 타울러Johannes Tauler, 야코프 뵈메Jakob Böhme의 신비주의적인 저작이 영향을 미친 것으로 보인다.

그리고 약 4년의 세월이 지난 1819년에 비로소 대표작 『의지와 표상으로서의 세계』가 출간되었다. 이는 쇼펜하우어의 철학 체계가 일단 완성에 이르렀음을 가리킨다.

프랑크푸르트 시기

대표작을 출간한 쇼펜하우어는 이탈리아를 여행하며 로마의 겨울을 만끽하기도 하고 드레스덴으로 돌아온 후에는 합창단원이자 무용수인 카롤리네 리히터Caroline Richter와 염문을 뿌리기도 했다. 베를린 대학교의 강사가 되었지만, 굳이 당대 최고의(그러나 쇼펜하우어는 혐오했던) 철학자 헤겔Georg Hegel과 같은 시간에 강의를 진행해서 수강생이 거의 없었다는 일화도 전해진다.

이미 자신의 철학 체계를 완성했기 때문인지, 이 젊은 철학자는 1820년대를 평생에 걸쳐 가장 비생산적인 시간으로 보냈다. 그나마 흄의 종교론을 독일어로 번역하거나 칸트의 『순수 이성 비판Kritik der reinen Vernuft』을 영어로 번역하려는 계획은 있었지만, 모두 출간에 이르지는 못했다.

1831년에는 콜레라를 피해 베를린에서 프랑크푸르트로 이주했다. 베를린에서 헤겔이 콜레라로 급사한 것만 보아도 당시 상황이 심각했음을 알 수 있다. 중간에 만하임으로 가서 살기도 했지만, 1833년에 프랑크푸르트로 돌아와서 여생을 보내기로 한다. 소년기를 보낸 함부르크처럼 자유 도시였던 프랑크푸르트는 자유를 사랑하고 권력을 싫어했던 쇼펜하우어에게 살기 좋은 도시이자 유럽 정치와 경제의 중심지이기도 했다. 쇼펜하우어는 이곳의 선진적인 분위기와 정보를 접하며 차례차례 저작을 발간했다.

1836년, 『자연에서의 의지에 관하여*Über den Willen in der Natur*』가 출간되었다. 쇼펜하우어는 자연과학의 성과를 증거 삼아서 자신의 의지의 철학을 뒷받침할 목적으로 이 책을 썼다.

그리고 1838년에는 노르웨이 왕립 학술원이 주최한 논문 공모전에서 「인간 의지의 자유에 관하여*Über die*

Freiheit des menschlichen Willens」라는 논문으로 상을 수상했다. 뒤이어 1839년에 덴마크 왕립 학술원이 주최한 논문 공모전에도 「도덕의 기초에 관하여*Über die Grundlage der Moral*」라는 논문을 제출했지만, 많은 철학자들이 신랄한 어조로 비난한 탓인지 응모 논문이 한 편뿐이었는데도 탈락했다. 이 논문은 이후 1841년에 『윤리학의 두 가지 근본 문제*Die beiden Grundproblemeder Ethik*』라는 제목으로 출간되었다.

그리고 1844년에는 『의지와 표상으로서의 세계』의 제2판과 속편 제1판을 출간했다. 이 둘을 합친 제3판은 나중에 쇼펜하우어가 세상을 떠나기 1년 전인 1859년에 출간되었다.

쇼펜하우어가 마지막으로 쓴 저작[17]은 1851년에 출간된 『여록과 보유』이다. 이 저작에 포함된 논고는 보편적인 철학에서부터 인생론까지 다방면을 다루는데, 특히 후자인 인생론이 인기를 끌어, 오늘날까지도 출간이 이어지고 있다.

쇼펜하우어 철학의 전체상을 그리려면 만년의 이 저

작을 빼놓을 수 없다. 이 책의 핵심 메시지는 대표작과 똑같이 의지의 부정이다. 그러나 이것은 아무나 도달할 수 없는 경지이므로, 그 중요성을 알면서도 이르지 못하고 오히려 이후의 인생을 시시하게 느끼는 사람이 많기 마련이다. 그래서 쇼펜하우어가 "보유(보충)"를 추가로 집필한 것이다.

이 처세술은 통쾌한 역설과 유머 넘치는 말투로, 우리 인생에도 자유로운 순간이 있으며 우리는 욕망의 톱니바퀴가 되지 않고 살 수 있다고 설명한다.

이 저작이 영국 신문에 소개된 이후 쇼펜하우어는 본국 독일에서도 점차 유명해졌고, 마침내 유럽에서도 손꼽힐 만큼 많은 독자를 확보한 철학자가 되었다. 1860년에 세상을 떠난 후 160년이 흐른 지금까지도 쇼펜하우어는 전 세계에 독자를 거느리고 있다.

제2장

비참한 삶과 "의지의 부정"

『의지와 표상으로서의 세계』에서 소개한 구도 철학

1. 세계는 나의 표상이다

앞의 제1장에서는 쇼펜하우어 철학이 탄생한 계기와 이후의 흐름을 살펴보았다. 이어서 이번 제2장에서는 대표작 『의지와 표상으로서의 세계』의 핵심을 해석하면서 쇼펜하우어 철학의 중요한 뼈대인 **구도 철학**의 내용을 구체적으로 살펴볼 것이다. 참고로 이 책에서는 "구도求道"를 불교 용어가 아닌 "삶의 비참함을 철저히 직면하여 진리에 이르려는 인식의 흐름"이라는 뜻으로 사용했다.

구도 철학

『의지와 표상으로서의 세계』에 실린 쇼펜하우어 철학의 근본 취지는 의지의 부정이다. 여기에 쇼펜하우어가 "긍정"이 아니라 "부정"이라는 단어를 쓴 것은 잡다한 "가짜" 세계 뒤에 "진짜"가 숨어 있다고 확신했기 때문이다. 그는 이 "진짜"를 보기 위해서, 통렬한 자기비판과 고독한 반성으로 채워진 구도의 길을 걸었다. 이 길을 통해서 "가짜"뿐인 이 세계를 넘어서서 철학적인 진리에 도달하고자 한 것이다.

쇼펜하우어의 대표작을 읽는 것은 이런 구도의 자세를 배우는 일이다. 독자는 쇼펜하우어의 발자취를 하나하나 따라가기 위해서 그가 썼던 난해한 개념과 철학적 문제의식을 자신의 것으로 만들며 철학적 사고를 시작해야 한다. 철학적으로 사고한다는 것은 무엇이 '진짜'인지 객관적으로 묻고 지금까지 당연하게 옳다고 생각한 사고방식에서 해방된다는 뜻이다.

많은 사람들이 당연한 듯 옳다고 믿지만 확실한 근거가 없는 주장을 이 책에서는 "억견doxa"이라고 부른다.

당연하다고 생각했던 것이 사실은 이 억견에 불과함을 깨닫고 놀라는 순간 철학적 사고가 시작된다. 그러나 중요한 것은 놀란 후의 일이다. 그때 철학자는 자신이 품고 있었던 억견을 언어화하고 이전에 몰랐던 것을 명확한 질문으로 변환하여 더 참된 주장을 지향한다. 억견에서 자유로워지는 일, 그것이 철학이다.

세계의 응시

참된 철학은 세계를 가만히 응시하다가 경탄하는 순간에 시작된다. 쇼펜하우어에 따르면, 사람은 독서와 학습으로 철학자가 되지 않는다. 현실 세계를 지그시 들여다보다가 "이게 뭐야! 대체 어떻게 된 거야?" 하며 놀라고, 그 혼란을 어떻게든 타개하려고 애쓰다가 철학자가 되는 것이다(『의지와 표상으로서의 세계』 제1권 7장).[18]

그렇다면 철학자가 된 쇼펜하우어는 과연 무엇을 발견하고 지적으로 경탄했을까? 아마 그는 우리가 보는 세계가 "가짜", 즉 "미망"에 불과하다는 사실을 발견했을 것이다.

제1장에서 말한 대로, 쇼펜하우어는 괴팅겐 대학교에서 칸트 철학을 배운 것을 계기로 철학의 길로 들어섰다. 특히 현상과 물자체를 구별하는 칸트의 사상에 큰 충격을 받았으며, 이 문제를 극복하는 일을 평생 최대의 철학 과제로 삼았다.

여기에서 말하는 "현상Erscheinung"이란 우리가 인식하고 경험하는 사물을 말한다. 반대로, 경험의 필터를 거치지 않은 사물 그 자체를 "물자체"라고 한다. 칸트는 우리가 경험적 지식의 한계 탓에 물자체를 알 수 없다고 했다. 그래서 전통적 형이상학자들이 논의했던 신과 불멸의 영혼, 혹은 우주 전체의 질서에 관한 탐구는 실패할 수밖에 없다는 것이다. 그것들은 전부 경험할 수 없는 영역이기 때문이다.

쇼펜하우어의 해석에 따르면, 칸트는 "현상과 물자체를 구분했으며", "현상"을 구성하는 기초적이고 불가결한 조건이 바로 인간의 주관에 있다고 주장했다. 그리고 이 "구분"이 쇼펜하우어 철학의 핵심이 되었다.

총 4권으로 이루어진 쇼펜하우어의 대표작 『의지와

표상으로서의 세계』의 제1권 첫 구절을 인용해보자.

"세계는 나의 표상이다." 이것은 살아 숨 쉬며 인식을 영위하는 모든 존재에 해당하는 단 하나의 진리이다. 그러나 이 진리를 성찰적, 추상적으로 깨달을 수 있는 존재는 오로지 인간뿐이다. 인간이 이 진리를 진심으로 깨달았을 때 철학적 사고가 싹트기 시작한다. 이때 인간은 자신이 태양도 대지도 모른다는 사실을 깨닫는다. 인간이 아는 것은 눈으로 본 태양과 손으로 느낀 대지일 뿐이다. 인간을 둘러싼 세계는 그저 표상으로만 존재한다. 즉 세계는 다른 무엇인가와의 관계로만, 인간 자신이 표상한 것과의 관계로만 존재한다는 것이다. (『의지와 표상으로서의 세계』 제1권 제1장)

이 인용문에 따르면 우리는 세계 자체가 무엇인지도 모르는 채 우리의 "표상Vorstellung"인 세계 안에 머무를 뿐이다. 칸트의 "현상"을 쇼펜하우어가 "표상"으로 바꾸었지만, 둘 다 인간의 주관에 비친 사물을 뜻하므로 큰 차이는 없다. 다만 "표상"은 사물의 이미지나 공상물 등 실제로 눈에 보이지 않는 것까지 포함하므로 "현상"보다 넓은 개념이라고 할 수 있다.

과연 "세계는 나의 표상이다"라는 말은 무슨 뜻일까? 잠시 생각해보자. 우리는 평소에 세계가 물질적으로 조건 없이 실재하고 나도 그 안에 물질적으로 조건 없이 실재한다고 당연하게 생각한다. 여기에서 말하는 "조건 없이"란 "인간의 주관에 영향을 받지 않는 방식으로"라는 뜻이다. 설사 인간이 사라진다고 해도 세계는 지금 그대로 실재한다는 것이다.

그런데 정말 그럴까? 오히려 우리의 주관이 모든 사물에 존재와 상태를 부여하는 것은 아닐까? 우리의 주관이 없어지면 적어도 지금 우리가 보는 세계는 사라지지 않을까?

우리는 세계 자체가 실재한다고 확언할 수 없다. 이런 견해가 칸트에서부터 피히테, 셸링을 거쳐 헤겔에게서 완성되었다고 여겨지는 "관념론觀念論"이며, 쇼펜하우어도 이 계보의 일부이다. 관념론자들은 우리가 물질적인 대상으로 경험하는 사물의 존재 및 상태가 그것을 인식하는 주관의 상태에 달려 있다고 주장한다. 참고로 여기에서 쇼펜하우어가 주관의 세계를 "현상"이 아니라 "표상"이라고 말한 것은 세계가 "나", 즉 주관의 "앞에 드러난vorstellen" 사물, 다시 말해 "나의 표상"임을 강조하고 싶어서였을 것이다.

또한 쇼펜하우어는 인간의 주관이 사람마다 제각각이 아니라 공통된 일정한 형식으로 이루어져 있다고 보았다. 따라서 누구나 지각과 개념을 활용하여 개개의 물질을 그 물질로 인식하고, 개별적인 정보가 오감에 입력될 때마다 그것이 무엇인지 판단하고 인식을 성립시킨다는 것이다. 이런 맥락에서 주관은 정보를 수신하여 일정한 해상도로 영상을 비춰주는 모니터와 같다.

위의 내용을 참고하여 생각하면, 우리가 인식하는 사물은 어디까지나 우리에게 인식된 사물일 뿐 그 사물 자체는 아니다. 우리가 보는 것은 주관에 비친 객관, 즉 "나"의 모니터에 비친 사물일 뿐이다. 이것이 쇼펜하우어의 "표상"이다.

표상이란 무엇인가

"세계는 나의 표상이다"라는 명제를 다시 생각해보자.

우리는 평소에 세계라는 물질이 조건 없이 존재하고 그 안에 나도 물질로서 조건 없이 실재한다고 생각하기 쉽지만, 쇼펜하우어의 주장에 따르면 이것은 하나의 억견에 불과하다. "세계"란 인간의 인식 주관(객관적 대상을 인식하는 일을 맡는 주체. 이성, 오성, 의식 따위가 여기 속한다/역주)이 보여주는 세계이자 "표상"일 뿐이다.

원래 우리는 "세계" 자체를 모른다. 인간은 어디까지나 "주관과 관련된 범위 내의 세계"를 알 뿐이다. "나"의 인식 주관에 비친 세계라고 해도 좋다. 우리는 신의 눈으로 보지 않는 이상 "조건 없이 실재하는 세계"를 인식할 수 없다. 따라서 인간이 보는 세계는 어디까지나 일정한 제약에 갇혀 있는 불완전한 세계이다.

특히 눈앞의 책상이나 컴퓨터 같은 것은 머릿속의 단순한 이미지가 아니라 분명하게 실재하는 사물이라고 생각하기 쉽다. 그러나 쇼펜하우어는 그것들 역시 "표상"일 뿐이라고 말한다. 왜냐하면 각각의 사물은 조건 없는 실제 존재가 아니라 주관에 비친 객관에 불과해서 주관의 제약으로부터 결코 자유로울 수 없기 때문이다. 따라서 "세계의 모든 사물은 주관적으로 존재할 뿐이다. 세계는 표상이다"라는 명제가 성립한다(『의지와 표상으로서의 세계』 제1권 제1장).

시간, 공간, 인과성

위의 주장은 "표상으로서의 세계에는 양면성이 있다"라고 요약할 수 있다. 즉, 표상 세계의 모든 사물은 주관에 비친 측면과 객관으로 존재하는 측면이라는, 불가분한 양면으로 구성된다는 것이다. 여기에서 불가분이라고 말한 것은 주관 없이 객관이 성립하지 않고, 그 반대도 마찬가지이기 때문이다. 그것이 "표상"의 기본적인 성격이다.

쇼펜하우어는 "표상 세계"의 이런 두 가지 측면을 지적하며 또 하나의 중요한 사실을 밝힌다. 바로, 주관은 객관이 되지 않는다는 것이다. 뒤집어 말하자면, 주관은 "표상으로서의 세계"를 성립시키므로 객관의 성질을 가질 수 없다.

또한 쇼펜하우어는 주관이 각각의 사물에 부여하는 객관적 성질에 보편적 형식이 있다고 했다. 이것이 "근거율Satz vom Grunde"이다.

"근거율"이란 무엇일까? 주관에 비친 각각의 사물은 반드시 다른 사물과 필연적인 관계를 맺으며 그 관계에서 벗어날 수 없다는 법칙이다. 그런데 그 관계를 주관이 부여하므로 모든 객관은 반드시 시간, 공간, 인과성이라는 세 가지 형식을 가지게 된다고 쇼펜하우어는 주장했다.

시간, 공간, 인과성은 실제 세계에는 존재하지 않는다. 생각해보면 "몇 시 몇 분"이라고 말하거나 "21세기"라고 말하거나 혹은 "여기서 5킬로미터 거리"라고 말할 때의 시간과 공간은 인간이 편의상 정해놓은 구획과 위치일 뿐, 실제 세계에는 이런 절대적 지표가 존재하지 않는다. 나아가, 우리가 아는 시간과 공간이 인간의 인식 주관을 벗어난 후에도 실재할지는 아무도 알 수 없다. 인과성도 마찬가지이다. 인간이 관측할 수 있는 범위 내에서 특정한 원인이 특정한 결과를 일으킨다고 추론할 뿐이다. 시간, 공간, 인과성은 주관이 객관을 인식할 때 붙이는 조건으로 우리가 세계를 경험할 수 있도록 돕는 역할을 한다.

시간, 공간, 인과성은 한 지점을 지적하려면 반드시 다른 지점이 있어야 하는 상대적인 지표이다. 더 나아가, "표상 세계"에 존재하는 각각의 사물은 반드시 다른 사물과 시간, 공간, 인과성이라는 관계를 맺고 있으며, 이 관계가 각각의 사물을 그 사물로 존재하게 만드는 근거나 이유가 된다. 즉 근거율이란, "왜 존재하느냐 하는 근거 없이는 아무것도 존재하지 않는다"라는 단순한 규칙이라고 할 수 있다(학위 논문 제1장 서론 제5절). 이 규칙은 표상 세계에 존재하는 모든 사물에 적용된다. 그래서 표상 세계에서 일어나는 모든 사건에는 이유가 반드시 있으며, 우리는 끊임없이 그 이유를 탐구할 수 있다. 우리는 보는 세상은 그런 세상이다.

2. 의지와 표상으로서의 세계

"나"란 무엇인가

쇼펜하우어의 대표작 『의지와 표상으로서의 세계』는 총 4권과 칸트 철학을 담은 부록으로 이루어져 있다. 각 권마다 주제가 다른데, 제1권은 인식 주관을, 제2권은 자연을, 제3권은 예술을, 제4권은 윤리와 종교를 다룬다. 다만 쇼펜하우어는 이 모든 것이 "하나의 사상"으로 이어져 있다고 말한다.

제1권에서는 전체적으로 표상 세계를 상세하게 논한다. 그러나 제2권에서는, 세계의 두 측면 중 하나가 주관에 비친 표상 세계라고 말한다. 나머지 한 측면은 "의지 세계"인데, 이 "의지"를 발견했다는 데에 다른 관념론과는 다른 쇼펜하우어 철학의 독자성이 있다.

다만 이 표상 세계와 의지 세계는 다른 두 세계가 아니라 한 세계의 두 가지 측면이다. 그래서 쇼펜하우어는 책 제목과 같이 "의지와 표상으로서의 세계"를 그려내고자 했다.

앞에서 말했듯이, 우리가 목격하는 세계는 "표상 세계"이다. 다시 말해, "보는" 주관과 "보이는" 객관의 분열을 내포한 "가짜" 세계에 불과하다.

그러나 여기에서 언급된 주관, 즉 "나"에게만은 객관성이 없다. 다시 말해서 주관은 언제나 "보는" 주체이므로 "보이는" 대상이 될 수 없다는 것이다. 그래서 인식 주관은 "보이는" 대상인 표상으로 존재하지 않는다. 그러면 표상 세계에 뿌리 내리지 않은 "나", 그리고 "나"를 움직이게 하는 의지란 과연 무엇일까? 이 질문이 표상 세계에서 잠시 숨을 돌리며 외부를 살펴볼 수 있도록 하는 핵심 질문이다.

나는 신체이자 의지이다

"나"란 무엇일까? 『의지와 표상으로서의 세계』 제2권 제18장에 따르면, "나"는 이중적인 모습을 띤다. 우선 "나"는 자신을 하나의 신체로 생각한다. 이것은 주관에 비친 객관으로서의 신체이다. 지금 눈앞에 보이는 손과 발도 그야말로 보이는 신체이자, 과학이 대상으로 취

급할 수 있는 사물이며, 책상이나 컴퓨터 등 다른 표상과 똑같은 표상에 불과하다. 그러므로 시간, 공간, 인과성의 규칙에 지배받으며 결코 거기서 벗어날 수 없다.

나아가 "나"는 스스로를 단순한 표상으로 알고 있지만, 더 직접적으로도 알고 있다. "나"는 개체로서의 "나"를 자신의 신체 활동 속에서 찾아낼 수 있기 때문이다. 이렇듯 직접적이고 내적인 자기 상태를 쇼펜하우어는 "의지Wille"라고 불렀다(『의지와 표상으로서의 세계』 제2권 제18장).

여기에서 주의해야 할 점은 "의시"와 신체 사이에 인과성이 없다는 것이다. 우리는 의지가 원인이 되어 신체를 움직인다고 생각하기 쉽지만, 쇼펜하우어는 이 생각을 명확히 부정했다. 원래 원인과 결과란 주관이 어떤 표상과 다른 표상 사이에서 찾아낸 관계에 불과하다. 쇼펜하우어는 의지가 그 자체로 표상이 되지 않는다고 말했다.

다만 의지는 활동하는 신체와 늘 함께 있으므로 둘을 한 묶음으로 생각해야 한다. 지금까지 나온 이야기를 요약해보면, "나"란 의지이자 의지와 연동하여 활동하는 신체라고 정의할 수 있다.

이것을 가리켜 쇼펜하우어는 "신체는 객관화된 의지, 즉 표상이 된 의지이다"라고 말했다(『의지와 표상으로서의 세계』제2권 제18장). 활동하는 신체가 의지의 표상이라는 뜻이다. 의지인 "나"는 "표상인 세계"에 머물지 못하는 떠돌이가 아니라, 활동하는 신체로서 자신을 표상화하여 그 세계 안에 사는 존재이다. 그 자체로는 표상이 될 수 없는 "나"란 무엇이고 의지란 무엇인지를 이 "활동하는 신체"라는 표상이 가르쳐주는 것이다.

삶의 의지

"나"에게는 지성이 있고 정동情動이 있고 의지가 있다. 서양 사상은 전통적으로 인간의 주관에 이 세 가지 능력이 있다고 여겨왔다. 또한 많은 사상가들이 그중 지성에 우위를 두고 지성이 의지를 이끈다고 주장했다. 다시 말해 의지에 도덕적 선악 분별, 그리고 더 좋은 사회를 구상하기 위한 선택의 자유가 주어진 셈이다. 그러므로 의지는 지성에 이끌린 "자유 의지"로서 행위에 대한 책임을 져야 한다.

그러나 쇼펜하우어에 따르면, "나"가 과연 무엇인지 탐구하기 위해서는 활동하는 신체를 길잡이 삼아야만 한다. 그 외에는 "나"와 일체인 표상이 없기 때문이다. 그래서 신체를 가만히 들여다보면 새로운 사실을 알게 된다. 신체에 드러난 의지는 지성에 이끌린 "자유 의지" 따위가 아니라 "삶의 의지"이며, 지성 역시 그 의지를 따르고 있다는 것이다. 이처럼 쇼펜하우어는 의식의 저편에서 "나"를 지배하는 "삶의 의지"를 발견했다. 이것이 쇼펜하우어 철학의 최대 성과이다. 이는 철학 역사상 니체와 프로이트 등 이후 사상가들에게까지 지대한 영향을 미쳤다.

쇼펜하우어에게 인간 존재의 가장 중요한 요소는 지성이 아니라 의지이다. 지성은 이차적인 기능에 불과하다. 우리는 자신의 내면에서 의식적인 지각과 사고, 즉 지성을 찾아낼 수 있지만, 그것을 밑에서 떠받치고 움직이게 하는 것은 의지이다. 다시 말해서 지성은 의지의 영향을 받아 한쪽으로 치우칠 수밖에 없다. 신체를 가만히 들여다보면, 의식에 확실히 드러나는 식욕이나 수면욕, 성욕 등의 욕망뿐만 아니라 거의 의도적으로 관리할 수 없는 무의식적인 욕구로 구동되는 프로세스가 우리 신체를 움직인다는 사실을 명확히 알 수 있다. 그 무의식적인 욕구가 우리의 사고와 의사 결정 등 지적 활동을 지배하고 있다.

또한 쇼펜하우어에 따르면, 신체라는 표상으로 객체화한 다양한 욕구의 본질을 탐구하다 보면 "나"의 하고 싶은 모든 행동의 뿌리에 사실은 목적 없는 "삶의 의지"가 있었다는 사실을 깨닫게 된다.

식욕을 예로 들어보자. 식욕에는 목적이 없다. 물론 식욕에 쫓겨 맛있는 음식을 먹으면 일시적으로 욕구가 채워지고 쾌락을 느낀다. 그러나 만족감은 금세 권태와 지루함으로 바뀌고 몇 시간만 지나면 배고픔이 다시 고개를 든다. 이 쳇바퀴에서 탈출할 방법은 없다. 생존하려면 계속 욕구의 노예로 살아야 한다.

욕구에 목적이 없는 탓에 우리는 평생 살고자 하는

욕구에 쫓겨 다니며 결코 안주하지 못한다. 그래서 쇼펜하우어는 모든 의지를 목적 없는 의지 또는 살고자 하는 의지, 즉 삶의 의지로 규정한다. 우리가 보는 세계는 사실 이런 의지가 만들어낸 표상 세계이자 실체 없는 미망, 즉 가짜이다. 쇼펜하우어는 고대 인도 철학을 참고하여 이 미망을 산스크리트어 단어 "마야"라고 불렀다. 미망, 즉 마야란 인간을 현혹하는 환영이다.

참고로 쇼펜하우어의 "목적 없는 의지"가 "맹목적 의지"로 번역될 때가 많은데, 이처럼 맹목이라는 말을 "무목적"으로 즉각 해석하는 것은 시각 장애인을 멸시하는 차별적인 태도이다. 이 책이 출간된 후에는 적절한 변화가 일어나기를 바란다.

의지로서의 세계

지금까지 살펴본 대로, 표상 세계에 존재하는 유일한 특권적 표상은 "나"의 신체이다. 활동하는 "나"의 신체만이 의지이자 표상이다. 하지만 그렇다고 "내 의지만이 실재한다" 또는 "세계가 내 의지에 따른다"라고 생각하는 것은 옳지 않다.

오히려 쇼펜하우어는 "자연계 현상의 본질을 푸는 열쇠"로 신체의 이중성을 활용하려고 했다(『의지와 표상으로서의 세계』 제2권 제19장). 즉, 다른 표상 역시 신체와의 "아날로지analogy"(철학 용어. 두 사물이 여러 면에서 비슷하다는 것을 근거로 다른 속성도 유사할 것이라고 추론하는 일/역주)를 통해서 표상인 동시에 의지가 될 수 있다는 것이다.

물론 "나"의 신체 이외의 표상은 단순한 표상일 뿐이다. 우리는 신체 활동으로만 의지와 나의 연동을 실감할 수 있다. 그러나 쇼펜하우어는 여기에서 다음과 같이 생각을 진전시킨다.

다른 모든 표상도 의지와 연동하는 것은 아닐까? 타인이나 동물 등도 자신과 비슷한 표상의 내적 본질로 의지를 상정할 수 있고, 식물을 생장시키는 힘이나 결정을 형성하는 힘, 물질에 작용하는 자기력이나 인력도 전부 본질적으로는 같은 힘이 아닌가? 모든 존재의 뿌리가 되는 근원적인 힘, 그것을 "의지"라고 부를 수 있지 않을까?

그래서 쇼펜하우어는 신체에서 찾아낸 의지를 모든 표상의 내부에서도 찾아내, 모든 것이 하나의 의지로 이어진 "의지 세계"라는 개념을 도출하기에 이른다(『의지와 표상으로서의 세계』 제2권 제21-22장).

의지와 표상은 어떤 관계인가

앞에서도 말했다시피 표상으로서의 세계와 의지로서의 세계는 다른 두 세계가 아니라 한 세계의 두 가지 측면이다. 그렇다면 의지는 하나인데 표상이 다양한 이유는 무엇일까? 중력 같은 단순한 현상에서부터 무기물의 결정화, 식물의 생장, 동물의 투쟁, 인간의 복잡한 정신 활동에 이르기까지 표상으로서의 세계는 매우 다채롭다.

이처럼 인식 주관Erkenntnissujekt이 다양한 표상을 드러내는 것은 "의지의 객관화"에 여러 단계가 있기 때문이라고 쇼펜하우어는 말한다(『의지와 표상으로서의 세계』 제2권 제27장). 의지의 객관화란, 원래 보는 주체였던 의지가 보이는 대상이 된다는 뜻이다. 그러면 의지 세계와 연동하는 표상 세계가 거울에 비친 듯 성립하게 된다. 의지가 미약한 단계라면 무기물이나 식물 세계 같은 저차원적이고 단순한 표상 세계가 성립하고, 의지가 더 강렬한 단계라면 동물이나 인간 세계 같은 고차원적이고 복잡한 표상 세계가 성립한다. 이때, 고차원적인 세계는 저차원적인 세계를 포함한다. 따라서 풍부하고 다양한 표상 세계는 그만큼 명료한 의지의 존재를 증명하는 셈이다.

다시 말해서, 인간을 움직이게 하는 강렬한 의지가 보이는 대상으로서의 자기 자신과 그 외의 모든 사물을 인식하기 때문에, 의지는 하나이지만 인간의 표상 세계가 풍부하고 다양하게 성립하는 것이다. 쇼펜하우어는 표상 세계가 성립하는 이런 원리를 "개체화 원리"라고 불렀다.

그러나 의지가 표상 세계에서 "마야의 베일"로 자신을 감춰 우리를 현혹하는 이유는 무엇일까? 의지 스스로도 그 이유를 알지 못한다. 의지는 목표도 근거도 없

이, 왜 존재하고 싶은지도 모르는 채로 존재하려고 애
쓸 뿐이기 때문이다(『의지와 표상으로서의 세계』 제2권 제
29장).

3. 어떻게 하면
욕망에서 해방될까

의지의 부정

그렇다면 우리는 "목적 없는 의지"가 이끄는 대로 움직
이는 수밖에 없을까? 우리는 영영 의지의 노예로 살아
야 할까? 우리를 지배하는 의지로부터 자유로워지려면
어떻게 해야 할까?

우리는 보통 국가 정책이나 개인의 정치 행동이 주체
가 되어 역사의 흐름 안에서 서서히 자유를 실현한다고
생각한다. 하지만 그들의 행위 역시 삶의 의지에 봉사
하고 끝없는 욕망을 채우게 만드는 사회 체제를 증축
하는 행위는 아닐까? 자유란 정치나 역사, 새로운 것을

더 늘리는 행위가 아니라 오히려 그 체제를 넘어서려는 시도, 즉 삶의 의지로부터의 해탈을 통해서만 비로소 실현되는 것이 아닐까?

　이것이 쇼펜하우어 철학의 근본 교의敎義인 "의지의 부정"이다. 쇼펜하우어는 대표작『의지와 표상으로서의 세계』제1권과 제2권에서 "세계는 나의 표상이다"라는 명제를 먼저 밝히고 그 표상으로서의 세계를 거의 지배하는 것이 삶의 의지임을 증명했다. 이야기가 여기에서 끝났다면, 우리 인생은 가짜를 쫓고 목적 없는 의지에 봉사하는 허무한 시간이 되어버렸을 것이다. 그러나 이어지는 제3권과 제4권에서는 어떤 다른 사상가도 제시한 적 없었던 독특한 자유가 등장한다. 바로 "의지의 부정"이다. 이것은 고대 인도 불교에서 말하는 해탈 또는 열반과 같은 개념이다. 쇼펜하우어는 그다음 제3권에서 예술을, 제4권에서 동고同苦, Mitleid(남의 괴로움을 함께 느낌/역주)와 종교를 통한 의지의 부정을 설명하는데, 여기에서 예술과 동고가 실현하는 의지의 부정은 아직 불완전하다고 한다. 그러고는 종교적 구도를 통해서만이 진짜로 "완전한 의지의 부정"이 인식으로 완성된다고 말하는데 이 부분이 『의지와 표상으로서의 세계』의 절정에 해당한다.

예술이란 무엇인가

쇼펜하우어에 따르면 표상 세계에서 신체를 가지고 사는 "나"라는 개체는 24시간 내내 삶의 의지에 조종당한다. "나"는 자연스럽게 배고픔과 졸음과 성욕을 느끼며 자기중심적으로 세계를 합리화하려고 한다. "나"는 그런 식으로 생존해왔다. 그래서 "나"는 의지를 거슬러가며 표상으로서의 세계를 성립시키는 이데아(＝세계의 설계도 같은 것)를 인식할 수도, 의지 자체를 부정할 수도 없다(『의지와 표상으로서의 세계』 제3권 제33장).

그러나 쇼펜하우어는 이데아를 인식할 방법이 있다고 말한다. 바로 예술이다. 가령 베토벤 교향곡에 몰두해 있을 때, 우리는 의지의 노예인 상태에서 벗어나서 "의지 없는 순수 인식 주관"이 된다는 것이다. 그는 예술과 천재가 의지를 진정시키는 역할을 한다며, 이렇게

덧붙였다. "예술은 오직 이데아를 인식하는 순간에 생겨난다. 그리고 오직 그 인식을 전달하기 위해 존속한다."(『의지와 표상으로서의 세계』 제3권 제36장)

즉 쇼펜하우어에게 예술이란, 천재가 순수한 관조를 통해서 표상으로서의 세계의 설계도인 이데아를 파악하고 그것을 작품 속에 재현하는 일이다. 여기에서 말하는 순수한 관조란 인식 주관이 의지의 지배를 벗어나 세계의 본질을 비추는 명징한 거울이 되는 것을 말한다. 그럴 때만 예술은 세계의 진짜 모습을 드러낸다.

뛰어난 예술 작품은 천재가 직접 관조한 이데아를 타인에게 전달하는 수단이다. 감상자는 그 작품을 통해서, 직접 인식하는 것보다 훨씬 쉽게 이데아를 인식할 수 있다. 천재적인 예술가가 잡다한 현상과 이데아를 구별하여 작품 속에 이데아만을 인식하기 쉽도록 표현했기 때문이다.

또한 여기에서 말하는 천재란 순수하게 관조하는 능력이 압도적으로 뛰어난 사람을 말한다. 다시 말해 인식을 의지에 봉사하게 만들지 않고 자신의 이해와 관심을 포기함으로써 순수한 인식 주관이 될 수 있는 사람이다. 이 능력은 평범한 사람에게도 미약하게나마 갖춰져 있으므로 누구나 예술 작품과 자연 등 아름다운 것에 마음이 움직이게 된다.

예술과 이데아의 여러 단계

쇼펜하우어에 따르면 예술에는 건축 기술, 수도水道 기술, 풍경화, 동물 조형, 역사화, 종교화, 문예, 비극 등 여러 단계가 있다. 그리고 이 세계에 존재하는 온갖 사물의 본질을 그려내는 단계별 예술이 다양한 장르는 특히 의지의 객체화 단계인 이데아의 몇몇 단계에 대응한다.

쇼펜하우어는 음악을 유일무이한 진짜 예술이자 최고의 예술로 꼽았다(『의지와 표상으로서의 세계』 제3권 제52장). 그에 따르면 음악은 "의지 그 자체의 모사"이다. 쇼펜하우어는 모차르트나 로시니(오페라), 베토벤(교향곡) 등의 음악을 사랑하여 "음악은 세계 깊숙한 곳의 본질과 세계 자체를 소리로 표현할 수 있다"라고 말했으며, 나아가 "음악은 저음과 고음을 활용하여 의지의 객체화 단계인 다양한 이데아를 드러낼 수 있다"라고도 말했다. 저음은 무기물의 세계를, 고음은 식물계와 동물계를, 음률은 인간의 삶을, 그리고 의지에 조종당하는 끝없는 의욕과 참을 수 없는 고뇌를 표현한다는 것이다.

예술이 이처럼 의지 자체의 상태를 그려낼 때 의지가 진정된 감상자들은 순수한 인식 주관으로서 세계의 진짜 모습을 비추는 거울이 된다. 이 경지에 도달하면 의지로부터, 그리고 그 의지에서 기인한 욕망으로부터 자유로워진다. 물론 이 자유는 순간적이고 불완전하다. 그렇지만 목적 없는 인생에서 의지로부터 자유로워지는 순간이 있다는 사실이 24시간 내내 의지에 봉사할 수밖에 없는 우리에게 커다란 희망과 위안이 될 것이다.

동고를 통한 의지의 부정

의지의 부정은 예술 감상이나 종교적 금욕 같은 비일상적인 순간에만 실현되는 것이 아니다. 우리의 일상에도 삶의 의지를 부정하는 순간이 있다. 바로 타자의 괴로움을 동고할 때이다.

예를 들면 바다나 강에서 위험에 빠진 사람을 구하려고 자신도 모르게 물로 뛰어드는 사람이 있다. 매해 여름마다 그런 뉴스가 보도된다. 이들은 타자의 괴로움을 인지하는 순간 자신도 모르게 몸이 움직였다고 말한다. 쇼펜하우어에 따르면, 타자와 "함께 괴로워하는" 이런 감정이 진짜 도덕적인 감정이며, 그런 동기의 소유자가 정말 덕 있는 사람이다.

쇼펜하우어는 『이지와 표상으로서의 세계』 제4권 제66장에서 "선량한 마음"에 대해 고찰하면서 "덕에 관한 이론"을 설명했다. 나중에 『윤리학의 두 가지 근본 문제』에서도 명확히 밝혔다시피, 쇼펜하우어는 "정의"와 "인간애"를 인간의 진정한 덕으로 여겼다(「도덕의 기초에 관하여」 제16절). 이 생각은 "누구도 해치지 말라, 오히려 힘닿는 대로 만인을 도우라"라는 명제로 요약된다. 이 명제는 지금까지도 "윤리학 최고의 기본 명제"로 불리고 있다.

"동정"이라고도 번역되는 동고Mitleid는 말 그대로 누군가와 함께mit, 괴로워함Leiden을 뜻한다. 우리는 사실 원리적으로는 타인의 괴로움을 느낄 수 없다. 그런데도 누군가의 괴로움을 명확히 이해하고 마치 자신이 괴로운 듯 그 원인을 제거하려고 몸이 저절로 움직이는, 선한 마음의 소유자가 존재한다.

동고는 의도해서 되는 일도 아니고 노력해서 되는 일도 아니다. 동고의 순간은 그저 갑자기 찾아온다.

쇼펜하우어는 타자와 함께 괴로워하는 사람은 드물다고 말한다. 이렇게 타자를 잘 돕는 성격의 소유자가 있는가 하면, 이기적인 성격, 타자를 괴롭히려는 악한 의도를 품기 쉬운 성격의 소유자도 있다. 쇼펜하우어는 이렇게 타고난 성격은 변하지 않는다고 말한다. 어떤 인간관계 속에서 자라고 어떤 교육을 받든, 지혜는 늘 수 있어도 성격은 달라지지 않는다는 것이다. 하지만 다행히도 자신과 타자의 진짜 성격이 어떤지는 누구도 알 수 없다. 경험으로 어느 정도는 알 수 있지만, 그 전체상은 아무도 모른다.

따라서 자신을 들여다보거나 타자를 대할 때에는 반드시 맹점이 생긴다. 그렇다면 자신과 상대가 선한 마음의 소유자이기를 바라는 수밖에 없다. 자신이나 타자와의 접점에는 그런 바람이 늘 포함된다. 이것은 뒤집어 말해, 누구나 선한 마음의 소유자일 수 있다는 뜻이다.

다만 지금까지 이야기했다시피 우리는 원래 삶의 의지에 지배당한다. 인간은 누구나 이기적인 욕망에 휘둘리고 욕망이 꺾일 때마다 괴로워하며 순조롭게 무엇인가를 손에 넣어도 금세 지루해져서 다른 것을 추구하는, 무의미하고 목적 없는 인생을 산다. 타인의 이익을 확보하려고 하는 행위조차 새로운 괴로움을 낳을 뿐이니, 남을 적극적인 의미로 행복하게 만드는 일은 애초에 불가능하다.

따라서 정말 도덕적인 사람조차 기껏해야 "다른 사람의 괴로움을 완화할" 수 있을 뿐이다(『의지와 표상으로서의 세계』 제4권 제67장). 그렇다면 이런 도덕적인 행위의 원천은 무엇일까? "타인의 고뇌에 대한 인식"이자

"타인의 고뇌를 자기 고뇌와 동일시할" 때의 감정, 즉 동고이다.

동고는 어떻게 일어날까? 우리는 평소에 자기 신체에서만 의지를 찾아내고 그 의지가 가로막힐 때 괴로움을 느낀다. 또한 인식 주관인 자신의 표상과 타인 및 모든 사물의 표상을 명확히 구별하여 인식하며, 오직 자기 자신만 의지와 연동한다고 인식하면서 괴로워한다. 그러나 의지는 결코 우리에게만 있지도, 표상의 수만큼 따로따로 있지도 않다. 쇼펜하우어에 따르면 다양한 표상을 개별적으로 구별하는 상태를 넘어서면 의지가 하나로 연결된다.

누구나 똑같이 삶의 의지에 지배당하며 괴로워한다. 그러나 동고의 순간에는 자신과 타자를 분리하는 "개체화의 원리"가 무너져서 누구나 같은 의지임을 직관으로 느낀다. "나"는 언제나 자신만을 구하려는 의지에 휘둘리지만, "의지는 하나이다"라는 진짜 인식에 도달하여 나와 타자의 구분을 없애는 순간에 살아 있는 모든 존재가 나와 똑같이 무한한 괴로움 속에서 구원을

갈구한다는 사실을 깨닫게 된다.

쇼펜하우어에 따르면 『우파니샤드*Upaniṣad*』의 "마하바키야*mahā-vākyas*"(위대한 말)에도 "의지는 하나"라는 진리를 담은 구절이 있다. "탓 트밤 아시*tat tvam asi*", 즉 "그대가 그것이다"(『의지와 표상으로서의 세계』 제4권 제63장)라는 구절이다. 이 구절은 "그대는 저 괴로운 자와 같다", "그대는 온갖 살아 있는 것과 하나이다"라는 뜻이다.

이렇게 타자의 괴로움을 자신의 괴로움과 똑같이 인식하면 자신만 구원받고 싶다는 동기가 말끔히 사라진다. 진짜 두덕적인 성격의 소유자는 이때 자기 삶의 의지를 포기하고, 나아가 자신을 희생해서라도 타자를 괴로움에서 구하려는 충동에 휩싸여 타자를 구하고 타자의 삶을 긍정하는 길을 선택한다. 따라서 동고는 이타의 가르침일 뿐, 완전한 의지의 부정은 아니다.

종교적 금욕의 본질은 의지의 부정이다

그러면 지금부터, 쇼펜하우어 대표작의 절정이자 구도의 도달점인 "종교적 금욕을 통한 의지의 부정"을 설명하겠다.

금욕은 일반적으로 인격 수양, 구제, 해탈 등 정신적인 목표에 이르기 위해서 쾌락을 절제하는 행위를 말한다. 전 세계의 종교적 전통이나 문화적 관습에서 이런 행위를 찾아볼 수 있다. 가령 힌두교도는 혼전 성행위를 할 수 없고, 자이나교도는 단식을 통해서 불살생을 철저히 지키고 성행위를 절제한다. 종파에 따라 다르기는 하지만 불교도는 대체로 수행 중에 고기를 먹을 수 없고, 가톨릭 사제는 결혼을 할 수 없다.

쇼펜하우어는 이처럼 금욕을 시행하는 종교들 사이에 본질적인 공통점이 있다고 보았다. 기독교의 성자든 인도의 성자든 교의는 제각각 달라도 행동의 출발점은 같다는 것이다. 그것은 진짜 인식인 "의지의 부정"이다. 즉 어느 종교에서든 의지의 부정을 인식해야만 진짜 구제나 해탈을 달성할 수 있다는 뜻이다.

이때 중요한 것은 죽고 싶어질 만큼 폭력적인 행위를 통해서는 의지의 부정에 이르지 못한다는 점이다. 의지의 부정은 어디까지나 인식이므로 의지에 대한 철학적인 인식을 완성해야 그 경지에 도달할 수 있다. 그런 다음에 쇼펜하우어가 말한 금욕이나 고행을 통해서 그 경지를 유지할 뿐이다.

의지의 부정이란 쇼펜하우어 철학이 도달한 궁극적인 "인식"이다. 그리고 이 인식은 자신도 타인도 삶이 똑같이 괴롭다는 직관에서 나온다. 이것은 자타의 구별이라는 인식 주관의 틀을 배제한, 순수한 의지라는 현상에 대한 직관이다. 즉 의지가 자신을 "객관화"하여 만들어낸 "마야의 베일"이 걷힌 후에는 의지가 개체를 살리려는 동기로 작용하지 않는 것이다. 그러면 의지가 자신을 의지 자체로 순수하게 인식하게 된다. 그래서 타자도 사실은 자신과 똑같이 괴로워하는 의지라는 인식, 그야말로 "그대가 그것이다"라는 참된 인식이 성립한다. 이 인식은 욕망을 일으키는 모든 의욕을 부정하고 삶의 의지를 근본적으로 진정시켰을 때에 비로소 완성된다. 이것이 완전한 의지 부정의 경지이다.

쇼펜하우어에 따르면, 성자는 의지의 본질을 직접 통찰하여 완전한 의지 부정의 경지에 도달하고 그 인식에 따라서 행동한다. 그리고 완전한 의지 부정 상태를 유지하기 위해서 "자발적이고 의도적인 빈곤"을 추구하며 "의지의 끊임없는 억압", "의지를 조금씩 꺾고 누르는 금욕"에 몸을 맡긴다(『의지와 표상으로서의 세계』 제4권 제68장).

쇼펜하우어는 이런 의지의 부정이 일으키는 행동으로 금욕과 고행을 들며 고대 인도 불교를 높이 평가했다. "윤회에서의 해탈"이라는 사상에 나타난 부정의 삶을 무엇보다 긍정적으로 본 것이다. 쇼펜하우어는 아시시의 성 프란치스코 같은 기독교 성자들의 행동에서도 이런 부정의 단서를 찾을 수 있다고 말한다. 그리고 그런 행동은 소위 "인간애"로 표현되며, 나아가 완성형이 된 후에는 완전히 자기를 포기하는 일, 즉 "체념"(다른 말로는 사리捨離, 열반)의 형태로도 드러난다고 보았다.

다만 자의적으로 체념에 이를 수는 없다는 것이 쇼펜하우어의 생각이다. 체념은 기독교에서 말하는 은총처럼 상대편에서 다가오는 것으로, 어떻게 해야 다다를지 알 수 없는 무無의 경지에 속해 있기 때문이다. 쇼펜하우어에게는 금욕이나 고행으로 부정을 지속하여 무의 경지에 이르려고 하는 행위 자체가 종교의 본질이었다.

우리는 끝없이 솟아나는 욕망을 긍정하고 더 많은 만족감을 얻으려 애쓰며 살아간다. 우리의 일상은 이런 의지의 긍정을 중심으로 돌아간다. 그러나 쇼펜하우어는 출구가 없어 보이는 일상에서도 마야의 베일을 넘어선 지점에서 실현되는 진리를 추구하고, "의지로부터의 자유"라는 희망을 찾았다. 따라서 쇼펜하우어의 대표작 『의지와 표상으로서의 세계』는 의지의 지배를 벗어날 방법을 탐구한 철학서이다. 우리가 살려고 발버둥치는 이유를 철학적으로 숙고하며 인생의 본질에 다가서는 이 책은, 욕망에 쫓기며 매 순간 아슬아슬한 선택을 강요당하다가 지쳐버린 현대인에게 좋은 선물이 될 것이다. 이 책을 길잡이 삼아서 과연 인생이란 무엇인지를 철학적으로 자문해보자.

제3장

인생을 어떻게 살 것인가

만년의 저서『여록과 보유』에 담긴 처세 철학

1. 쇼펜하우어 철학의
또다른 측면

구도 철학과 처세 철학

쇼펜하우어는 대표작 『의지와 표상으로서의 세계』에서 **구도 철학**을 소개했다. 삶의 괴로움을 주제 삼고 그 원흉인 의지의 부정을 근본 교의로 제시한 것이다. 젊은 쇼펜하우어는 괴로움으로 가득한 세상의 잔혹함을 부정하고 목적 없는 의지의 지배를 거절함으로써 자유로움으로 도망치려 했다. 그의 철학이 "청춘 철학"으로

불리는 까닭도 여기에 있다(『쇼펜하우어 수감록ショーペ
ンハウアー随感録』, "해설", 아키야마 히데오).

그러나 쇼펜하우어에게 가장 많은 독자를 만들어준
저서는 대표작『의지와 표상으로서의 세계』가 아니라
예순세 살이던 1851년에 출간한『여록과 보유』였다. 이
책에 수록된「인생의 지혜를 위한 아포리즘Aphorismen zur
Lebensweisheit」이 큰 인기를 끌었기 때문이다. 이 책은 놀
랍게도 "행복론"으로, 인생의 쓴맛과 단맛을 다 본 노
년의 쇼펜하우어가 젊은이들에게 삶의 지혜를 전수하
는 인생 지침서이다. 고대 그리스의 헤시오도스Hesiodos,
아리스토텔레스의『니코마코스 윤리학Ethica Nicomacheia』
에서 시작하여 테오도어 아도르노Theodor Adorno가 20세
기에 쓴『미니마 모랄리아Minima Moralia』에 이르기까지,
서양에는 전통적으로 이런 지침서가 많다. 그 뒤를 이
은『여록과 보유』는 영국에서 쇼펜하우어 사상을 소개
하는 기사가 신문에 실린 이후 널리 읽히기 시작했고,
결국에는 쇼펜하우어를 유럽에서 가장 영향력 있는 저
자의 반열에 올려놓았다.

제3장에서는 이 『여록과 보유』를 소개하며, 쇼펜하우어 철학 중 인생론적 측면을 살펴보고자 한다.

쇼펜하우어의 행복론은 행복을 바라는 독자들의 기대에 찬물을 끼얹으며, 행복해지고 싶다는 쓸데없는 생각을 집어치우라고 말한다. 이 책은 다른 인생 지침서나 자기계발서와 달리, 자기기만을 유도하거나 달콤한 말로 인정욕구를 자극하거나 독자가 응석을 부리며 욕구를 배출하도록 하지 않는다. 오히려 재치 있는 말과 야유로 독자를 꾸짖으며 희한하게 개운한 포기의 경지로 이끄는 독특한 매력을 선보인다. 이 책에서 쇼펜하우어는 우리가 일상적으로 행복이라고 부르는 것의 정체를 밝히고 우리를 포기로 이끈다. 다시 말해 이 책은 체념하고 관망하는 사상, 그리고 쇼펜하우어 철학 중 인생론의 측면을 잘 드러냈다고 할 수 있다.

여록과 보유

『여록과 보유』의 원제 "Parerga und Paralipomena"는 대표작이나 다른 저작에 다 담지 못한 논고를 모으고 보완하여 정리했다는 뜻으로 해석할 수 있다. 이 책은 어디까지나 대표작의 보충 자료이므로, 대표작과 철학적 핵심은 똑같다고 강조하는 것이다. 그러나 보석이 광원이나 각도가 바뀌면 다른 빛을 내뿜듯이, 이 책 역시 쇼펜하우어 철학의 또다른 매력을 드러낸다.

『여록과 보유』 제1권에는 다음 여섯 가지 논고가 포함되어 있다.[19]

① 관념과 실재에 관한 이론의 역사 소묘

② 철학사를 위한 단편

③ 대학교의 철학에 관하여

④ 개인의 운명에 담긴 의도 등에 관한 초월적 사변

⑤ 유령을 보는 일과 그에 관련된 사항의 연구

⑥ 인생의 지혜를 위한 아포리즘

『여록과 보유』의 핵심이라고 여겨지는 ⑥번의 수필이 독일에서 지금까지도 레클람 출판사에서 출간되어 읽히고 있다. 일본에서도 『행복에 관하여幸福について』[20]라는 책을 구할 수 있다. 참고로 『독서에 관하여读書について』나 『자살에 관하여自殺について』 등의 책은 『여록과 보유』 제2권을 발췌한 것이다.

대표작인 『의지와 표상으로서의 세계』에 썼다시피, 쇼펜하우어 철학의 근본 교의는 의지의 부정이다. 즉 쇼펜하우어 철학은 세상 모든 것을 철저히 부정하고 해탈을 지향하는 **구도 철학**이다. 그런데 이것은 보통 사람은 실현하기 어려운, 소수만을 위한 준엄한 사상이다.

한편 『여록과 보유』의 근본 교의도 대표작에서처럼 의지의 부정이지만, 두 책 사이에는 명확한 차이가 있다. 『여록과 보유』는, 의지의 부정이 중요한 것은 알지만 그래도 이 세상에서 살아야 하는 평범한 사람들을 독자로 상정한다. 따라서 이 책은 평범한 사람들을 위한 실천적 인생 지침서라고 할 수 있다. 쇼펜하우어도 비굴하게 한탄만 하거나 오로지 금욕과 고행에 투신하지는 않았다. 만년의 삶을 살펴보면 그가 철학적 진리를 가슴에 품고 당당하게 살았다는 사실을 명확히 알 수 있다.

플루트와 산책을 즐긴 철학자[21]

『여록과 보유』는 프랑크푸르트에서 집필되었다.

쇼펜하우어는 프랑크푸르트에서 차분하고 즐겁게 생활한 듯하다. 아침에 일어나 집안일을 끝낸 후, 오전에 책을 읽고 플루트로 로시니의 곡을 연주했다. 점심에는 매일 중심가의 고급 식당 "영국궁"에서 식사하고, 카지노 협회 도서관에 들렀다가 푸들을 데리고 산책했다. 저녁에는 평생 읽은 「타임스*The Times*」로 세계정세를 확인했으며 밤거리에는 거의 나가지 않고 『우파니샤드』 등을 읽으면서 조용히 지냈다고 한다.

쇼펜하우어는 학생이었던 괴팅겐 시절부터 줄곧 푸들을 키웠다고 알려져 있다. 프랑크푸르트에서도 흰 푸들을 키우다가 마지막에는 갈색 푸들과 살았던 것 같다. 특히 애정을 쏟은 이 갈색 푸들에게는 "부츠Butz"(작은 아이)라는 이름을 붙였고, 자신이 키운 다른 모든 푸들은 "아트만Atman"이라고 불렀다고 한다. "아트만"이란 인도 철학의 핵심 개념으로, 모든 영혼의 원천인 "참자아"를 뜻한다. 쇼펜하우어가 모든 푸들에게 같은 이

윌리엄 부시가 그린 쇼펜하우어와 푸들

름을 붙인 것은 개체의 차이를 뛰어넘어 살아 있는 모든 것을 사랑했기 때문일지도 모르겠다.[22]

　고풍스럽고 긴 옷을 입고 푸들과 오후 산책을 즐기는 쇼펜하우어는 프랑크푸르트 시민들 사이에서도 어느 정도 유명 인사였던 듯하다. 그때의 쇼펜하우어는 준엄한 부정의 철학자이자 삶의 비참함을 응시한 염세주의자였던 젊은 쇼펜하우어와는 분위기가 상당히 달랐다. 젊어서부터 삶의 비참함이라는 현실을 직시한 덕분에 행복한 인생을 얻고 노년을 당당하게 구가했던 모양이다. 그렇다면 과연 만년의 쇼펜하우어에게 삶이란 무엇이었고 행복이란 무엇이었을까? 지금부터 쇼펜하우어의 인생론을 다양한 단면으로 들여다보자.

2. 쇼펜하우어의 아포리즘

스스로 생각하는 일

『여록과 보유』에는 쇼펜하우어 인생론의 정수가 응축

된 아포리즘이 무수히 수록되어 있다. 아포리즘이란 짧고 단편적인 문장으로 표현되는 경구나 잠언을 말한다. 일단 제2권 "스스로 생각하는 일"의 한 대목을 인용하겠다.

결국 스스로 근본적으로 생각해낸 것에만 진실과 생명이 있다. 그래야만 진짜로 완전히 올바르게 이해할 수 있기 때문이다. 책에서 읽은 타인의 사상은 타인이 먹다 남긴 것, 타인이 입다 벗어놓은 옷에 불과하다.

자신의 내면에서 태어난 사상은 봄에 피는 꽃이지만, 책에서 읽은 타인의 사상은 돌에 새겨진 태곳적 꽃의 화석과 같다. ("스스로 생각하는 것", 『여록과 보유』 제2권 제22장)[23]

"스스로 생각하는 것Selbstdenken"이 무엇인가를 생각할 때에 가장 중요하다. 우리는 독자로 지내는 데에 너무 익숙해진 나머지 최단 시간에 타인의 사상을 흡수하려고 들지만, 그것을 자신의 말로 표현할 수 있을 때까지 기다리는 편이 좋다. 봄에 꽃이 필 때를 기다리듯 시간을 들이는 것이다. 철학적 사색은 "급할수록 돌아가야 하는 일"이라, 시간을 아끼면 진리를 깨달을 수 없다. 그러고 보면 쇼펜하우어의 글을 우리가 고맙게 읽는 것도 이상한 일이다. 이것을 이상하다고 느낄 수 있어야 쇼펜하우어의 뜻이 우리에게 제대로 전달된 것이다. "책 따위를 읽지 말고 스스로 생각하는 것이 낫다"라는 등의 말을 거침없이 내뱉는 것도 쇼펜하우어의 매력일 것이다.

"심리학적 비망록"에서

이번에는 "심리학적 비망록"의 한 구절을 인용해보자.

일부러 노리지도 않았는데 허를 찌르는 사실을 발견할 때가 있다. 예컨대, "개인"은 유럽의 어느 나라 언어에서든 "페르손person"이다. 왜냐하면 페르소나persona가 원래 "배우의 가면"을 뜻하는데, 모든 개인이 있는 그대로의 자신을 드러내지 않은 채 가면을 쓰고 배역을 연기하며 살아가기 때문이다. 사회생활은 처음부터 끝까지, 끊임없이 상연되는 희극이다. 멍청한 자들은 이런 상황에 매우 만족하겠지만 속이 꽉 찬 자들은 그 때문에 사회생활이 한심하게 느껴질 것이다. ("심리학적 비망록", 『여록과 보유』 제2권 제26장)24

위대하고 뛰어난 자들은 자신의 결점과 약점을 태연하게 인정하거나 감춘다. 그렇게 하면 약점이 상쇄되거나, 혹은 약점이 수치가 되기는커녕 오히려 영예로 바뀐다고 생각하기 때문이다. 약점이 그들의 위대한 점과 결합했을 때에는 특히 그 생각이 잘 들어맞는다. 즉 결점이 자신의 불가결한 조건이 된 경우에……조르주 상드의 말대로 "누구나 자신의 덕에 걸맞은 결점이 있기 마련이다." ("심리학적 비망록", 『여록과 보유』 제2권 제26장)25

쇼펜하우어는 이처럼 짧고 예리한 문장으로 걱정의 근원인 오해를 거짓말처럼 없애주고 어깨에 힘을 빼는 법을 가르쳐준다.

첫 번째 인용구는 인간관계로 괴로워하는 사람에게 하는 말이다. 인간관계는 원래부터 가면을 쓰고 서로 속이는 관계이므로 진지하게 고민할 필요가 없다는 것이다.

두 번째 인용구는 자신의 약점과 결점이 신경 쓰여 감추려고만 하는 사람에게 하는 말이다. 그들은 자신을 적극적으로 이해하지 못하며 결점을 없애는 것을 자신의 사명으로 오해한다. 그러나 결점은 오히려 미덕의 소유자라는 증거일지도 모른다. 겁이 많은 사람은 위기를 감지하는 능력이 뛰어날 수 있고, 세심해서 상처를 잘 받는 사람은 남보다 타인에게 훨씬 친절할 수 있다. 쇼펜하우어는 설사 장점을 깨닫지 못하더라도 결점을 숨기기보다는 보이는 편이 낫다고 말한다. 자신의 결점을 인정함으로써 그 정도 결점으로는 자신의 본질이 달라지지 않는다는 사실을 주변 사람에게 드러낼 수 있기 때문이다.

3. 행복이란 무엇인가

『인생의 지혜에 관한 아포리즘』이라는 기록

이번에는『여록과 보유』의 백미이자 쇼펜하우어의 인생론적 철학이 응축된『인생의 지혜에 관한 아포리즘』을 살펴보자.

우선 이 논고는 서문으로 시작하여 제1장 "근본 규정", 제2장 "사람의 됨됨이에 관하여", 제3장 "사람의 자산에 관하여", 제4장 "사람의 이미지, 표상 및 인상에 관하여", 제5장 "훈화와 금언", 제6장 "나이에 따른 차이에 관하여" 등 6개의 장으로 구성되어 있다.

쇼펜하우어는 제1장에서 인간을 행복하게 하는 "세 가지 보물"을 규정하고 제2장부터 제4장까지 그 세 가지를 상세히 논한다. 제5장에는 주제가 제각각인 50가지 이상의 단편적인 문장을 담았으므로 독자들이 조금씩 읽어나가기에 안성맞춤이다. 그리고 마지막으로 제6장에서는 유년기와 청년기, 노년기를 어떻게 보내야 하는지 이야기하면서 책을 마무리한다.

이 책에는 남존여비나 인종 차별적인 생각들이 포함되어 있으므로 주의해서 읽어야 한다. 물론 고전을 제대로 이해하려면 독자인 자신보다 저자가 대체로 옳다는 전제하에 글을 읽는 것이 좋지만, 차별적, 폭력적인 언사만은 예외이다. 그런 글을 그대로 받아들이면 독자가 다치고, 그 내용이 널리 퍼지면 다른 사람까지 다치기 때문이다. 따라서 쇼펜하우어의 『인생의 지혜에 관한 아포리즘』은 비판적 시각으로 읽으라고 권하고 싶다.

행복에 관한 억견

그러면 이제 『인생의 지혜에 관한 아포리즘』의 내용을 살펴보자. "인생을 되도록 쾌적하고 행복하게 만들어야 한다." 이것이 『인생의 지혜에 관한 아포리즘』의 첫머리에서 쇼펜하우어가 제시한 지침이다. 이 "되도록"이라는 말이 의외로 중요하다. "되도록"의 범위를 판단해야 하는 것이다. 결론적으로 쇼펜하우어는, 행복을 더 많이 추구하는 것이 아니라 괴로움을 "되도록" 줄이는 것이 행복의 비결이라고 말했다. 그것이 절망에 빠지지 않고 살아가는 비결이라는 것이다.

즉, "분별 있는 사람은 쾌락이 아니라 고통이 없는 상태를 지향한다"라고 말할 수 있다. 쇼펜하우어는 『인생의 지혜에 관한 아포리즘』의 제5장 첫머리에서 이 생각을 "아리스토텔레스의 『니코마코스 윤리학』이 제시한 인생의 최고 원칙"이라며 소개했다.

행복이란 과연 무엇일까? 우리는 행복한 인생을 바라면서, "─하고 싶다", "─가 되고 싶다"라는 욕망을 더 많이 충족하여 쾌락을 얻을수록 행복해진다고 생각한다. 이에 따라 욕망을 채우고 쾌적한 생활을 유지하는 것을 인생의 최종 목표로 정하기까지 한다. 그러나 인생에는 좌절과 실망이 있기 마련이다. 거의 모든 욕망은 타자의 욕망과 부딪쳐 금세 좌절되고 만다. 좌절을 극복하고 타자를 굴복시키고 욕망을 채워 쾌락을 느낀다고 해도 금세 지루해지고 다른 욕망에 시달리는 것이 인간이다. 욕망에는 종착지가 없기 때문이다.

과연 "욕망의 만족 = 쾌락 = 행복"이란 옳은 생각일까? 아니면 철학적 사고를 통해서 물리쳐야 할 억견일까? 혹시 우리는 오히려 이 억견 때문에 괴로운 것이 아닐까?

쇼펜하우어의 행복론은 "욕망을 채우는 방법"을 가르쳐주지 않는다. 오히려 "욕망을 채울수록 행복해진다"라는, 행복에 관한 억견을 해체하라고 가르친다. 더 행복해지려고 하기보다는 되도록 괴로움을 줄이는 것이야말로 인생 자체에 대한 절망을 피하고 평화롭게 살아가는 비결이라는 것이다. 이것이 쇼펜하우어가 전수하는 "인생의 지혜"이다.

세 가지 보물

이제 『인생의 지혜에 관한 아포리즘』의 내용을 더 자세히 살펴보자. 앞에서 말했다시피, 제1장 "근본 규정"에서는 행복의 초석이 되는 세 가지 보물을 규정했다. 이 보물들이 행복한 인생의 필수 조건이다.

첫 번째 보물은 "사람의 됨됨이"이다. 즉 인품이나 개성, 인간성 등 내면적 품성이 첫 번째 재산이다. 건강,

힘, 아름다움, 기질, 덕성, 지성, 그리고 이것들을 갈고 닦는 노력도 여기에 포함된다.

두 번째 보물은 "사람의 자산"이다. 즉 금전과 토지 등 외면적으로 소유한 재산이다.

세 번째 보물은 "사람의 이미지, 표상 및 인상"이다. 이것은 타인의 평가, 명예나 지위, 명성을 뜻한다.

우리는 대개 두 번째와 세 번째 보물을 추구한다. 그러나 이것은 "—을 가지고 싶다", "—을 받고 싶다"라는 욕망의 대상이므로 아무리 가져도 결코 만족할 수가 없다. 무엇인가를 가지기만 하면 행복해질 수 있다는 생각은 하루빨리 버려야 할 억견이다.

당연히 두 번째, 세 번째 보물에도 가치가 있다. 생활에 필요한 것은 물론이고, 모든 사람이 이 보물을 획득하는 것을 좋은 일로 생각한다. 사회생활 또한 이 보물의 가치를 중심으로 돌아간다. 『의지와 표상으로서의 세계』에서 **구도 철학**을 소개하며 이런 가치를 다 버려야 한다고 말했던 쇼펜하우어도 『인생의 지혜에 관한 아포리즘』에서는 두 번째, 세 번째 보물보다 첫 번째 보물의 가치가 더 크다고 우선순위를 명백히 밝히는 데에 역점을 두었다.

결국 "–을 가지고 싶다", "–을 받고 싶다"라는 욕망을 절제하고 통제할 수 있는, 온화한 내면을 갖춘 사람이 행복해진다. 인생의 행복과 불행이 첫 번째 보물인 내면적 품성에 가장 크게 좌우된다는 뜻이다.

정말 그렇다. 인생 수행의 출발점에서 무엇을 소유했고 어떤 일을 겪었으며, 남에게 어떻게 생각되든지 상관없이, 그것을 어떻게 받아들이느냐가 그 사람의 내면에 달렸기 때문이다.

예컨대 고상한 성격, 명석한 두뇌, 낙천적인 기질, 밝은 성품, 건강한 심신 등의 특징을 몇 가지 갖춘 데다가 그것을 유지하고 증진할 수 있는 사람은 행복한 인생의 기반을 이미 확보했다고 할 수 있다. 그중 가장 잘 이해되는 것이 심신의 건강이다. 건강을 잃으면 아무리 재산이 많아도 즐거움이나 쾌락을 느낄 수 없으므로 행복해지지 못한다.

우리는 "–만 가지면, –에게만 인정받으면, –만 되면 행복해질 것이다"라고 생각하기 쉽다. 그러나 무엇을 가지고 누구에게 인정받든지 내면이 음침한 사람은 마음껏 기뻐하지 못하며, 기질이 우울한 사람은 불안에서 벗어나지 못한다. 한편 성격이 고상한 사람은 남이 부러워하는 막대한 재산이나 높은 지위를 가지지 못하더라도 자기 존재에 만족하고 자부심을 유지한다.

다만 쇼펜하우어에 따르면, 쾌활하거나 음침한 기질, 밝거나 우울한 태도의 원인은 신체 깊은 곳에 있는 내면적 성질이라 바뀌지 않는다고 한다.

이 내면적 성질은 마음속에서 "수용력과 재생력의 균형"을 낳는다. 그리고 우리의 마음에는 외부 자극을 다양한 방식으로 받아들이면서 평소 상태를 유지하려는 힘인 "반응력"이 있다. 이 힘이 사람에 따라서 다르므로 기질이 밝은 사람은 무슨 일이든 가볍게 받아들이고 가볍게 반응하며 금세 다음 단계로 나아가고, 어떤 사람들은 무슨 일이든 집요하게 파고들지 않으면 불안해서 다음 단계로 나아가지 못한다.

내면의 부

이처럼 사람의 내면적 성질이 인생의 행복과 불행을 결정하는 가장 중요한 요건이다. 쇼펜하우어는 이 내면적 성질을 "내면의 부"라고 불렀다. 우리는 재산이나 타인의 평가 등 외면적인 요소에 마음을 빼앗기기 쉽지만, 이 내면의 부를 가진 사람은 외부의 자원이 없어도 자신에게 만족할 수 있다. 수입이 전혀 필요 없는 나라가 가장 강한 것처럼 말이다.

누구에게나 자기 자신, 그리고 자기 스스로 이룬 것이 최선인 동시에 최고로 중요하다. 이처럼 최선이면서 최고로 중요한 것이 많아질수록, 다시 말해 자기 내면에서 즐거움의 원천을 많이 찾을 수 있는 사람일수록 행복하다.

물론 재산의 많고 적음이나 타인의 평가 등 외면적인 부를 전혀 신경 쓰지 않기는 어렵다. 우리도 매일 이런 것들을 염려하며 신경을 소모한다. 그러나 쇼펜하우어는 이렇게 단언한다.

무릇 살아 있는 모든 것은 무엇보다 자기 자신을 위해서 독자적인 삶을 영위하며 생존하는 것이 좋다. 어떤 상태든 자신에게 가장 중요한 것은 "나는 누구인가"이다. 자신에게 혹시 별다른 가치가 없어 보인다면, 애초에 별것 아닌 인간이었을 테니 어떻게 살든 상관없다.

외부에서 주어진 부가 아니라 내면에 갖춰진 부가 행복의 원천이다. 재산이나 남의 평가가 아니라, 자신을 스스로 평가하여 내면의 본질을 찾아내고 그 본질을 키워서 꽃피우는 고독한 행위가 행복을 낳는다. 만약 자신이 내면의 부가 전혀 없는 하찮은 인간이라면, 그런 하찮은 인간이 어떻게 되든 애초에 걱정할 필요도 없을 것이다.

무엇을 얼마나 가졌고 남에게 어떤 평가를 받느냐 하는 외면적인 요소보다 자신의 내면에 원래부터 갖춰져 있던 부에 집중하는 것이 중요하다는 이야기이다. 설사 그 부가 아직 씨앗에 불과하다고 해도 자라서 꽃을 피우고 행복이라는 열매를 맺을 때까지 계속 물을 줘야 한다. 쇼펜하우어는 그것이 행복으로 가는 첫걸음이라고 말한다.

청년과 노인

앞에서 말했듯이 쇼펜하우어에게 행복이란 욕망을 더 많이 채우는 것이 아니라 되도록 욕망을 진정시키고 마음의 평온을 확보하는 것이었다. 그러기 위해서는 욕망을 계속 자극하는 "외면의 부"보다 원래 갖춰진 "내면의 부"에 집중해야 한다.

청년기에는 더 큰 행복을 동경하는 마음이 강해 욕망에 이끌려 행동하기가 쉽다. 그래서 청년들은 욕망에 휘둘리며 세상을 방황하며, 아름다워 보이는 것에 마음을 빼앗기고 자신도 그렇게 되려고 애쓴다. 쇼펜하우어의 말을 빌리면 "청년기는 시를 향하고 노년기에는 철학을 향한다"라고 할 수 있다.

노인, 특히 인생 후반부에는 살면서 쌓은 경험을 통해 환영 같은 행복보다 불행이 훨씬 강력하다는 사실을 이해하게 된다고 한다. 오래 살다 보면 주변 사람들이 점점 사라지거나 죽는 경험을 피할 수 없다. 그럴 때마다 삶을 객관적으로 바라보면 삶의 본질이 고통임을 깨닫게 된다. 따라서 특히 노년기에는 더 큰 행복을 바라고 불가피한 고통으로 자신을 몰아넣기보다는, 되도록 불행을 피해서 평온하게 사는 편이 좋다.

영혼 돌봄

『인생의 지혜에 관한 아포리즘』의 행복론은 "영혼 돌봄"에 매우 효과적이다. 고대 그리스, 로마 이래 서양 철학 사상은 철학의 가르침과 철학적 사고를 일종의 돌봄 또는 보살핌으로 보는 전통이 강했다. 물론 철학이란 "지知에 대한 사랑"이며 순수하게 진리 탐구를 지향하는 이론적인 행위이다. 그러나 걱정을 유발하는 억견과 오해를 해소하는 철학 행위는 이성적이고 건강하게 균형 잡힌 인생을 위한 돌봄의 일종으로 널리 받아들여질 수 있다.

예컨대 소크라테스는 금전과 평판, 명예보다 "영혼"을 최대한 훌륭하게 갈고닦는 것이 가장 중요하다고 생각했다. 고대 그리스의 에피쿠로스Epikouros는 죽음의 공포를 다스리는 요법의 일종으로 유물론적 사고를 제안했다. 세상에 물질만 존재한다고 생각하면 사후 세계나 영혼의 행방을 걱정할 필요가 없다는 것이다.

그러므로 이런 전통에 근거한 철학적인 사고란 사물의 본질을 객관적으로 해명하여 비이성적인 욕망을 진정시키고, 마음을 어지럽히는 억견을 해체하는 행위일 것이다. 같은 맥락에서 쇼펜하우어가 제시한 행복의 비결 또한 무엇인가를 소유하여 욕망을 채우는 것이 아니라, 오히려 의지의 부정과 객관적인 논의를 통해서 괴로움의 원천인 억견을 해체하고 욕망을 진정시키는 데에 있다. 그래서 쇼펜하우어의 철학은 의지의 부정이라는 진리에 따라 과도한 욕심을 버리고 더 중요한 행복의 요소를 명확히 밝혀 평온하게 사는 기술을 전수한다.

따라서 『인생의 지혜에 관한 아포리즘』에 드러난 쇼펜하우어 만년의 사상은 **처세 철학**으로 분류된다. 젊은 쇼펜하우어는 속세에서 벗어나 의지의 부정이라는 무의 경지를 추구하고, 몸을 던져 완전한 자기 포기를 지향하는 **구도 철학**을 제시했다. 한편 만년의 쇼펜하우어는 의지의 부정이라는 진짜 인식을 모든 사물에 응용하고, 욕망에 현혹되지 않으면서 속세를 당당히 활보하는 노련한 처세술을 담은 **처세 철학**을 전수했다.

제4장

현실 속의 쇼펜하우어 철학

현대 사회는 특히 살기가 힘들다 보니 모두가 어떻게 살아야 할지 고민하고 있다. 삶의 본질을 끈질기게 들여다보는 쇼펜하우어의 철학을 읽을 때가 된 것이다.

앞의 제1장에서는 쇼펜하우어가 삶의 비참함을 다루는 철학자가 된 이유를 알아보고 그 생애와 여정을 살펴보았다. 그후 쇼펜하우어는 삶의 비참함의 근원이 삶의 의지에 있다는 사실을 간파하고 완전한 의지 부정의 경지를 지향했다. 이것이 제2장의 내용이었다. 이어지는 제3장에서는 쇼펜하우어가 의지의 부정에 근거하여 제시한 삶의 방식을 처세 철학으로 특징지어서 소개했다.

이번 제4장에서는 위와 같은 쇼펜하우어 철학이 현대 사회에 사는 우리의 고민에 어떤 답을 내놓는지 알아볼 것이다. 그 세 가지 주제는 먼저 "메이지 시대(일본의 19세기 후반부터 20세기 초/역주) 이후 일본인의 '인생 문제'에 관해", 다음으로 "현대 반反출생주의의 '태어나지 않는 편이 낫다'라는 생각에 관해", 마지막으로 우리의 생각과 행동을 속박하는 역사의 물결에 관해"이다.

덧붙여 말하자면 쇼펜하우어 철학은 위의 세 가지 주제 외에도 다양한 주제에 관해 응용할 수 있다. 그중 하나가 인간과 동물의 공정한 관계에 관심이 쏠리면서 최근 논의가 활발해지는 동물 윤리이다. 동물 윤리는 "인간이 동물을 일방적으로 식용이나 애완용으로 이용하는 것이 공정한가?"라는 질문에서 출발한다.

제2장에서 말했다시피, 쇼펜하우어는 "의지는 하나"라고 생각했다. 고대 인도의 지혜가 담긴 구절 "그대가 그것이다"를 인용하여 대표작에 그 생각을 표현하기도 했다.

쇼펜하우어의 윤리학은 이러한 통찰에 근거하여 동물뿐만 아니라 살아 있는 모든 존재를 사랑하고 그들의 괴로움을 덜어주어야 한다고 말한다. 인간이든 동물이든 살아 있는 존재는 모두 같은 괴로움을 느낀다. 인간만 괴로워하는 것이 아니므로, 괴로워하는 동물이 인간과 같다는 인식은 근본적으로 공정하다고 할 수 있다.

이처럼 쇼펜하우어의 사상을, 인간 중심주의를 부정하고 동고에 기반하여 동물을 구원할 동기를 마련해주는 존재론 또는 윤리학으로 해석할 수 있다.

1. 메이지 시대 일본과 쇼펜하우어

사실 과거의 일본인들도 삶이 괴롭던 시대에 쇼펜하우어를 읽었다. 그러므로 여기에서 메이지 시대의 일본이 쇼펜하우어를 어떻게 받아들였는지 살펴보자.

일본은 1880년대 이후에 독일 사상을 주목하고 적극적으로 도입했다. 선진적인 영국, 프랑스 사상에서 촉발되어 자유 민권 운동이 강해질 것을 염려한 메이지 정부가 좀더 보수적인 독일 학문 연구를 장려했기 때문이다. 이때 수입된 칸트, 피히테, 셸링, 헤겔 등 독일 관념론이 일본 내 철학 연구의 주요 대상이 되었다.

독일 철학을 소개한 주요 인사는 도쿄 제국대학에서 철학을 가르친 이노우에 데쓰지로井上哲次郎, 독일에서 온 철학자 라파엘 폰 케버Raphael von Koeber 등이었다. 그들에게 사사한 문하생들이 이후 일본 철학 연구의 기초를 닦았다고 해도 과언이 아닐 정도로 이노우에와 케버의 영향력은 어마어마하다.

그 외에도 일본이 메이지 시대에 독일 철학을 받아들이는 데에 큰 역할을 한 사람들 대부분이 선진적인 분위기와 자유로운 기풍을 중시한 쇼펜하우어의 철학을 높이 평가하며 그 전수자로 활약했다.

그러면 지금부터 그들의 발자취를 되짚으며 당시 쇼펜하우어와 일본 국민의 관계를 살펴보자.[26]

이노우에 데쓰지로, 케버, 다카야마 조규

이노우에 데쓰지로(1855-1944)는 독일에서 철학을 배우고 1890년에 일본으로 돌아와 제국대학에서 일본인 최초로 철학과 교수가 된 인물이다. 유학 중에는 철학자 에두아르트 폰 하르트만Eduard von Hartmann(1842-1906), 그리고 니체의 친구이자 인도학자이면서 나중에 쇼펜하우어 협회를 창설한 파울 도이센Paul Deussen(1845-1919)과 친밀하게 교류했다. 하르트만은 쇼펜하우어에게서 깊은 영향을 받으면서도 헤겔주의 철학 이론을 구축한 철학자로, 이노우에의 철학에도 (나아가 그 문하에서 배운 일본 철학자들에게도) 큰 영향을 끼쳤다.

이노우에는 귀국 후 동양과 서양의 철학사를 강의했다. 특히 칸트와 쇼펜하우어를 자주 논했는데, 그가 해석하여 전한 쇼펜하우어 사상은 불교와 유사했다. 즉 일본에 처음 들어왔을 때부터 쇼펜하우어 사상은 서양과 동양을 연결하는 국제적인 철학으로 받아들여진 것이다.

한편 라파엘 폰 케버(1848-1923)는 루트비히 부세

Ludwig Busse(1862-1907, 독일의 철학자. 1887년에서 1893년까지 도쿄 제국대학에서 영어를 가르쳤다/역주)의 후임자로, 1893년에 제국대학에 부임하여 철학과 고전어를 가르쳤다. 또한 쇼펜하우어 철학에 관한 학위 논문을 썼고, 『쇼펜하우어의 구제론 Schopenhauer Rlösurigslehre』과 『아르투어 쇼펜하우어의 철학 ショーペンハウアーの哲学』 등의 책을 출간했다. 케베에게 일본행을 택한 이유를 물었더니 그는 두 가지 이유를 댔다. 하르트만이 이노우에 데쓰지로에게 자신을 일본에 보내라고 추천한 데다가 이노우에가 벚꽃 피는 일본에 꼭 오라고 부탁했기 때문이라는 것이다.

케베의 제자 중에서도 저명한 일본인 철학자가 많이 나왔다. 예를 들면 니시다 기타로 西田幾多郎, 구와키 겐요쿠 桑木嚴翼, 아네사키 마사하루 姉崎正治, 하타노 세이이치 波多野精一, 아베 지로 阿部次郎, 다나베 하지메 田邊元, 아베 요시시게 安倍能成, 구키 슈조 九鬼周造, 와쓰지 데쓰로 和辻哲郎 등이 그의 강의를 들었다. 교양주의자로 알려진 케베는 쇼펜하우어 철학을 하르트만의 구제론과 비슷하게 신비주의적으로 해석하여 전했다고 한다.

일본이 독일 철학을 처음 접했던 그때 당시 일본어로 쓰인 철학서라고는 미야케 세쓰레이三宅雪嶺(1860-1945)의 『철학연적哲学涓滴』과 『아관소경我観小景』 정도밖에 없었는데, 두 책 모두 쇼펜하우어의 의지의 철학을 높이 평가하고 있다.

쇼펜하우어의 철학을 일본에 소개한 또 한 명의 중요한 인물로는 메이지 시대의 사상가인 다카야마 조규高山樗牛(1871-1902)를 꼽을 수 있다. 다카야마는 나중에 니체 사상을 개인주의로 소개하고 삶의 방식에 관한 문제를 논하여 많은 독자를 확보한 인물로, 일찍이 1892년 『문학회 잡지文学会雑誌』에 쇼펜하우어의 의지설을 염세론으로 소개하고, 『제국 문학帝國文学』에 게재한 「인생의 가치 및 염세주의人生の価値及び厭世主義」에서 쇼펜하우어 철학을 본격적으로 논하기도 했다. 이처럼 쇼펜하우어는 삶의 방식을 논한 사상가로 일본에 점점 알려지게 되었다.

"인생 문제"와 쇼펜하우어

메이지 시대 중에서도 특히 1880년대 후반부터 1890년
대 후반까지에 쇼펜하우어 사상이 염세론으로 받아들
여진 것은 당시 청년 엘리트 대부분이 인생 문제로 고
민했기 때문일 것이다. 그들은 전통적인 문화와 관습
의 속박에서 벗어나 서양적 근대 시민으로서 자아를 확
립하는 중이었으므로 마음에 심각한 갈등을 품고 있었
다. 한 개인으로 어떻게 살아야 할지 진지하게 고민하
고 괴로워한 것이다.

이 시대에는 사회의 초점이 개인으로 이동하고 있었
다. 이전까지 일본에 존재하지 않았던 문학 장르인 소
설이 등장하여 문화의 중심을 차지했으며, 심지어 그
주인공은 후타바테이 시메이二葉亭四迷의『뜬구름浮雲』에
서처럼 삶의 방식을 두고 고민하고 번뇌하는 개인들이
었다. 소설이 친숙한 오락거리가 되다 보니 "하나뿐인
개인으로 어떻게 살아야 하느냐" 하는 문제에 관심이
쏠려 "인생 문제"가 현실성을 띠게 되었다.

"인생 문제"는 메이지 시대로 끝나지 않았다. 국가 전

체가 급속한 발전을 추구하며 격동했던 메이지 시대에 비해서 이후 다이쇼 시대는 민중에게 안정적인 시대였지만, 오히려 "인생 문제"는 점점 더 복잡해지고 어려워졌다.

청년의 내적 갈등에 초점을 맞춰 서양 철학의 논리로 내면의 이상을 규명하고자 한 수필 평론집 『산타로의 일기三太郎の日記』(아베 지로, 1914)가 구제 고등학교(1894-1950년의 일본제국 교육기관. 현재의 고등학교 3학년-대학교 2학년에 해당한다/역주) 학생과 대학생의 필독서로 널리 읽힌 것도 그 때문일 것이다. 이런 흐름을 소위 "다이쇼 교양주의"라고 한다. 학생들은 데카르트, 칸트, 쇼펜하우어를 머리글자를 따서 "데칸쇼"라고 불렀으며, 효고 현 사사야마 지방의 봉오도리(음력 7월 15일 밤에 남녀들이 모여서 추는 윤무/역주) 가락에 맞추어 '데칸쇼 타령'을 만들어 불렀다. 학생들이 얼마나 진지했는지는 모르지만, 이 시대에 서양 철학서를 읽고 내면을 연마하여 훌륭한 인격을 형성해야 한다는 풍조는 확실했다.

다이쇼의 최대 베스트셀러는 아마 아쿠타가와 류노스케芥川龍之介의 『라쇼몽羅生門』일 것이다. 이 작품은 원래 1915년에 『제국 문학』에 게재된 것으로, 악을 혐오하여 굶어 죽거나 살아남기 위해서 도둑이 되어야 하는 비참한 현실을 그려냈다. 이 "삶의 비참함"은 쇼펜하우어의 철학과도 일맥상통한다.

이처럼 메이지 시대 이후 쇼펜하우어는 서양을 대표하는 철학자이자 "어떻게 살아야 하는가"를 고찰한 선구자로 일본에서 꾸준히 인기를 누려왔다.

그렇다면 메이지 시대 이후 일본인이 계속 고민한 삶의 방식 문제에 쇼펜하우어는 어떤 답을 내놓을까? 답은 오직 하나, 의지의 부정이다. 우리는 그 진짜 인식에 이르기까지 철학적 구도를 계속하는 수밖에 없다.

참된 구원, 삶과 고뇌로부터의 해탈은 전면적인 의지의 부정 없이는 결코 생각할 수 없다. 의지를 부정하기 전까지 사람은 누구나 의지 자체일 뿐이다. (『의지와 표상으로서의 세계』 제4권)

미혹이 극에 달한 현대 사회에 사는 우리에게는 어떻게 살아야 하느냐 하는 문제가 점점 중요해지고 있다. 우리 각자의 선택이 그 어떤 시대보다 무거워졌다. 우리가 어떻게 사는지, 어떤 선택지를 고르는지가 인터넷을 통해서 순식간에 온 지구에 전파되고, 장래 세대의 생존 환경으로도 직결되기 때문이다. 이처럼 세계화로 시야가 넓어진 지금, 우리는 동서양을 연결하는 철학, 동양 또는 서양이라는 좁은 틀을 넘어설 수 있는 철학인 쇼펜하우어 철학을 다시 읽어야 한다. 지금이야말로 선인들을 본받아 철학적 구도를 다시 시작하고 삶의 본질을 들여다보아야 할 것이다.

2. 쇼펜하우어와 반출생주의

데이비드 베너타의 반출생주의

쇼펜하우어 철학은 지금의 현실에도 많은 영향을 미쳤다. 그 예로, "삶은 고통이다"라는 쇼펜하우어의 주장이 현대의 반출생주의에도 큰 영향을 미친 것으로 주목받고 있다.

반출생주의란 "인간을 비롯한 감각 있는 모든 생물은 태어나지 않는 편이 낫다"라는 윤리학적 견해를 일컫는다.[27] "태어나지 않는 편이 낫다"라는 말일 뿐 "죽어야 한다"라는 말은 아니니 주의하자. 반출생주의는 "태어나지 않는 편이 낫다고 생각하는 사람이 있어도 된다"는 사상이다. 다시 말해 태어나서 좋다는 생각을 당연하게 여기는 대다수에게 반대 견해를 전달하고, 다르게 생각하는 사람을 억압하지 말자고 주장하는 것이다. 윤리학은 그야말로 어떤 삶이 정말 "좋은" 삶인지 탐구하고 종래의 억견을 갱신하는 학문인데, 21세기에 들어선 이후에는 윤리학의 연구 영역에 반출생주의가 하나의 이론으로 추가되었다.

반출생주의가 이론화되면서 남아프리카 공화국의 철학자 데이비드 베너타David Benatar의 『태어나지 않는 것이 낫다Better Never to Have Been』가 큰 화제를 불러일으켰다.[28] 베너타에 따르면, 우리는 살아 숨 쉬는 한 고통과 불쾌 등 피해야 할 "해악"을 반드시 경험하며, 이런 "해악"은 없는 편이 낫다. 즉 아예 태어나지 않는 것이 태어나서 해악을 경험하는 것보다 낫다는 말이다.[29] 이런 생각은 예로부터 전 세계 곳곳에서 이어졌던, "삶은 고통"이라는 통찰과도 일맥상통한다.

삶이 고통이라는 통찰은 고대 그리스 문학과 인도 철학, 불교 사상에 나타나 있으며, 근대 이후에는 괴테와 쇼펜하우어, 니체에게서도 찾을 수 있다.

예컨대 불교는 생로병사를 고통으로 보고 해탈을 주장한다. 마찬가지로, 고대 그리스에도 삶은 고통이라는 사상이 뿌리 내리고 있었다. 니체는 이 사상을 『비극의 탄생Die Geburt der Tragödie』의 "민중의 지혜"에서 소개했다. 미다스 왕이 디오니소스의 종이자 반인반수 현자인 실레노스를 숲으로 쫓아냈다가 결국 다시 잡아 와서는 "인간에게 가장 좋은 일은 무엇인가"라고 캐물었더니 실레노스가 이렇게 대답했다는 대목이다.

비참한 하루살이 종족이여, 우연과 수고의 아들이여. 너를 위해 듣지 않는 것이 가장 좋을 말을 왜 억지로 하게 만드는가? 너에게 가장 좋은 일은 절대 이루어지지 않는다. 태어나지 않는 것, 존재하지 않는 것, 무無의 상태가 가장 좋기 때문이다. 그리고 두 번째로 좋은 일은 빨리 죽는 것이다. (『비극의 탄생』)30

니체는 이 시기에 쇼펜하우어의 영향을 많이 받았다. 그렇다면 쇼펜하우어도 반출생주의자였을까?

쇼펜하우어는 반출생주의자인가

쇼펜하우어를 유럽 반출생주의의 대표자로 생각하는 사람들이 있다.31 그들은 그 견해의 근거로 다음의 구절을 제시한다.

우리는 근본적으로 존재하지 말아야 할 존재이므로 존재하기를 그만둘 것이다(Wir sind im Grunde etwas, das nicht sein sollte: darum hören wir auf ze sein).32

따라서 생존은 어쨌든 하나의 미망으로 보아야 하고, 거기에서 돌이키는 것이 구원임이 틀림없다(Demnach ist allerdings das Dasein anzusehen als eine Verirrung, von welcher zurückzukommen Erlösung ist).……
실제로 우리 생존의 목적이라고 부를 만한 것은 '우리는 존재하지 않는 편이 나았다'라는 인식뿐이다(Als Zweck unseres Daseins ist in der Tat nichts anderes anzugeben, als die Erkenntnis, daß wir besser nicht da wären).[33]

위의 인용구에서는 분명 반출생주의의 냄새가 난다. 쇼펜하우어는 아주 넓은 범위에서 반출생주의자이거나 반출생주의의 선구자처럼 보인다. 그러나 자세히 살펴보면 그의 주장은 현대 반출생주의의 주장과는 명백히 다르다는 것을 알 수 있다.

첫 번째 인용구는 죽음에 대한 것으로, 우리는 "존재하지 말아야 할 존재"라서 줄곧 존재할 수 없고, 당연히 언젠가는 존재하지 않게 된다고 말한다. 하지만 "근본적으로 존재하지 말아야 할 존재"라는 말이 일상적인 의미의 "악"을 뜻하지는 않는다. 여기서 쇼펜하우어가 말한 악은 절도나 살인 등 법률이 정한 범죄가 아니다. 또한 외도나 거짓말을 탓할 때의 도덕적인 악과도 차원이 다르다. 우리의 존재는 더 근본적인 차원에서의 악이므로, 그런 의미에서 존재하지 않는 것이 더 "선"이라는 것이 이 인용구의 취지이다.

거듭 말하지만, 두 번째 인용구에서 말했듯이 쇼펜하우어에게 존재가 악인 이유는 그것이 "미망"이기 때문이다. 우리는 삶의 의지에 지배당해 환영을 쫓으며 산다. 표상으로서의 세계를 유일무이한 진짜 세계로 착각하고, 규칙에 따라서 욕망을 채우려고 최선을 다하는 것만이 옳다고 믿는 것이다. 그것이 미망이다. 표상 세계에서 사는 한 이 미망은 결코 피할 수 없다.

그래도 쇼펜하우어 철학은 구원의 희망을 버리지 않고 의지의 부정으로 미망에서 해탈할 수 있다고 말한다. 『의지와 표상으로서의 세계』에서는 우리 인생에도 동고나 예술에 대한 몰입, 혹은 종교적 금욕으로 악에서 해방되는 순간이 있다고 말했다. 또한 만년에는 『여록과 보유』를 통해서 평온하게 사는 행복을 전파했다. 쇼펜하우어 철학은 이런 희망을 중심에 두고 있으므로, 반출생주의를 극복할 가능성까지 보여준다고 말할 수 있다.

3. "역사 철학"으로부터의 탈출

쇼펜하우어와 역사 철학

앞에서 몇 번 언급했다시피 쇼펜하우어의 철학은 후세의 많은 사람들에게 강렬한 영향을 주었다. 그중에는 리하르트 바그너Richard Wagner나 요하네스 브람스Johannes Brahms, 구스타프 말러Gustav Mahler 같은 음악가들도 있었다. 쇼펜하우어가 예술 중에서도 음악을 최고위에 두고 예술적 천재의 역할을 강조했기 때문이다. 특히 "삶은 고통"이라는 사상이 음악가들에게 커다란 영향을 미쳤다.

허무하고 어두우면서도 희극적이고 유쾌한 세계를

그리는 쇼펜하우어의 방식은 소설가, 시인, 각본가, 수필가, 역사가 등 많은 문호와 저술가에게도 영향을 미쳤다(에드거 앨런 포, 이반 투르게네프, 야코프 부르크하르트, 레프 톨스토이, 에밀 졸라, 앙드레 지드, 마르셀 프루스트, 토마스 만 등).

그리고 후세 철학자들 역시 쇼펜하우어의 철학에서 각자의 문제의식에 합치하는 부분을 골라 적극적으로 활용했다(에두아르트 폰 하르트만, 프리드리히 니체, 앙리 베르그송, 루트비히 비트겐슈타인 등).

쇼펜하우어 철학에는 다양한 측면이 있는데, 나는 그 중에서도 역사를 극도로 중시한 19세기 독일에서 "역사 철학"에 정면으로 저항하고 그것으로부터의 자유를 주창했다는 점을 높이 평가하고 싶다.

쇼펜하우어는 역사 철학자인 헤겔을 경쟁자로 여겼다. 그러나 쇼펜하우어가 대표작 『의지와 표상으로서의 세계』를 출판한 뒤 베를린 대학교에서 마침내 교편을 잡게 되었을 무렵에 헤겔은 이미 원숙기를 맞아 당대 최고의 철학자로 군림하고 있었다. 심지어 헤겔의 철학이 "국가 철학"으로 불릴 정도였다.

헤겔의 철학은 역사의 흐름을 "정신 발전"의 과정으로 설명했다. 인간이 비합리적인 감정과 본능에 지배당하는 유년기를 거쳐 이성적으로 행동하는 청년으로 성장하여 사회의 일원이 되듯이, 인류의 역사 또한 완성을 향해서 발전하고 있다는 것이다. 그리고 그 증거로 프랑스 혁명을 들었다. 헤겔은 이처럼 누구나 역사 속에서 자신을 평가하고, 인류의 발전과 완성을 향하는 "담론"의 일부로 살아야 한다고 주장했다.

이 "거대 담론"은 혁명의 시대를 거친 사람들에게 희망의 빛과도 같았다. 그러나 이윽고 대부분의 유럽 국가에서 혁명의 꿈이 무너지고, 헤겔 철학은 보수 반동 체제에 이용당하게 된다. 헤겔 철학이 양쪽의 사상을 모두 받아들였기 때문이다.

쇼펜하우어는 헤겔의 역사 철학을 이유 없이 싫어했다. "과연 역사란 무엇일까? 역사가 이야기라면 시작과 끝이 있을 텐데 인류는 어디에서 와서 어떤 목적지로 향하는 것일까?"라고 생각했는지도 모른다.

쇼펜하우어의 철학에 비춰보면 역사 속을 걷는 인간 모두가 삶의 의지에 지배당하는 존재이다. 그리고 삶의 의지에는 원래 종착지가 없다. 따라서 역사 철학도 삶의 의지가 목적도 없이 만들어낸 미망에 불과하다. 그래서 쇼펜하우어는 오히려 역사를 뛰어넘은 자유, 다시 말해서 니체가 말한 "초역사적 철학"을 그려내고자 했다.34

역사주의로부터의 자유

1831년에 헤겔이 콜레리로 세상을 떠난 이후 독일 철학은 점차 "정체성의 위기"에 빠졌다.35 철학이 제시한 거대 담론은 신뢰를 잃었다. 역사를 말하지 않는 철학은 앞으로 무엇을 해야 할지 갈피를 잡지 못했다. 사실 이 위기의 배경에는 자연과학의 발달이 있었다. 자연과학의 방식과 성과만이 "실제 세계"를 해명하고 인류의 발전을 이끈다는 생각이 우세해지자, 철학이 예전처럼 과학의 기초를 닦는 역할을 다하지 못하게 된 것이다.

이 무렵 철학의 손을 떠난 역사학은 과학의 성격을

띠기 시작했다. 역사는 세계적 규모의 거대 담론이 아니라 실증할 수 있는 객관적 사실 탐구의 성과여야 한다고 주장하는 연구자들이 나타났다. 19세기가 "과학의 시대"로 불리는 이유는 단지 자연과학이 발전했기 때문이 아니라 오히려 역사학 등 다른 분야까지도 과학의 방식을 택하게 되었기 때문이다.

그중에서도 역사학의 성립에는 큰 의미가 있다. 헤겔 사후 역사 철학은 사라지기는커녕 얼굴을 싹 바꾸어 19세기 독일 사상의 가장 큰 사조인 역사주의를 형성했다. 역사주의를 한마디로 설명하면 "인간이 만들어낸 모든 것이 역사의 산물"이라는 생각이다. 역사의 외부는 존재하지 않으며 모든 사물이 역사 안에 있다고 믿는 세계관이기도 하다. 그래서 역사주의는 인간의 모든 행보를 역사의 일부로 이해하고 초역사적인 영역(즉 역사의 외부에 있는 신이나 이데아 등 형이상학적 존재)을 위축시킨 결과, 모든 사물을 역사 안에서 상대화하는 큰 조류가 되었다.

이것은 결코 남 이야기가 아니다. 현대 사회에 사는

우리 역시 역사의 시작이나 끝을 설정하지 못한 채 "더 자연 친화적인 사회"와 "지속 가능한 발전"을 위해서 공헌해야 한다는 압박을 받고 있다. 이러한 맥락에서 우리는 그 목표 실현을 위한 "역사의 일부"로서, 모르는 사이에 자기 자신을 동원한다.

그런데도 쇼펜하우어는 1844년에 대표작 『의지와 표상으로서의 세계』의 속편을 출간했다. "철학의 위기"라고 떠들어대는 "과학의 시대"에 "역사주의"를 추구하는 분위기를 충분히 느끼면서도, 다른 철학자들이 거들떠보지도 않던 "어떻게 살아야 하느냐"라는 실존적인 문제를 다시 제기한 것이다. 이 질문은 이렇게도 바꿀 수 있다. "우리를 몰아대는 위기감, 그리고 과학주의, 역사주의 등에서 어떻게 자유로워질 것인가?"

머물 곳이 없어도 자유롭게

쇼펜하우어 철학을 배우면 마음속에 피난처 비슷한 것이 생겨난다. 그 피난처는 삶의 의지가 낳은 모든 미망에서 벗어날 수 있는 장소이다.

우리는 매일 당연한 듯이 열심히 살아간다. 자신을 위해서, 가족을 위해서, 친구나 동료를 위해서 최선을 다한다. 학교에서 공부하고 사무실에서 일하며 사회의 일원으로 행동한다. 혹은 내 나라나 다른 지역을 풍요하게 만들기 위해서, 나아가 지구를 위해서 열심히 일하는 사람도 있다. 문화를 사랑하고 경제를 활성화하고 기후 문제에 대처하여 더 나은 미래 사회를 만들려는 사람도 있을 것이다.

우리는 이처럼 현대를 이해하고 과거를 계승하며 미래를 위해서 노력하는 역사의 일부로서 살아간다. 반드시 역사 속 어딘가에 소속되고, "누군가"가 되어야 한다고 믿기 때문이다. 그런 식으로 삶의 의지를 긍정하게 된다.

그러나 쇼펜하우어에 따르면 이런 역사주의는 미망에 불과하다. 우리는 삶을 철학적으로 생각하면서 역사주의의 손아귀에서 벗어나고 그런 미망을 만들어낸 삶의 의지를 격파하여 의지 부정이라는 진리에 도달해야 한다. 그것이 쇼펜하우어의 메시지이다.

물론 그가 "철학자 아르투어 쇼펜하우어"로서의 역할을 자각하면서 19세기 독일의 프랑크푸르트 거리를 당당하게 활보한 것은 의지의 부정에 근거한 처세 철학의 성공 덕분일 것이다. 그러나 쇼펜하우어의 정신은 설사 어느 시대, 어느 나라에서도 머물 곳을 찾지 못했다고 해도 결국은 부동의 자유를 쟁취했을 것이다.

나가는 글

삶은 고통이다. 이 책은 이 명제에서 출발했다.

오해할까 봐 말해두는데 지금 나는 행복하다. 하지만 이 행복이 주관적인 오해, 즉 미망일지도 모른다는 생각에는 동의한다. 쇼펜하우어의 가르침에 따라서 객관적으로 생각해보면 인생의 본질은 분명 고통이다.

우리는 누구나 무한한 욕망에 쫓기므로 죽을 때까지 완전한 만족에 도달할 수 없다. 최대한 성실하고 좋은 사람으로 살려고 아무리 애써도 알아주지 않는 사람이 많고, 이유도 없이 재해나 병이 우리를 덮친다. 심지어 어떤 성과를 이루든 언젠가 반드시 죽는다.

역시 쇼펜하우어의 가르침은 진실이다. 그러나 그렇다고 행복하게 사는 사람을 경멸하거나 지금 자신의 행복을 굳이 부정할 필요는 없다. 지금의 행복한 감정과 인생의 본질적 고통이 양립할 수 있기 때문이다.

인생은 본질적으로 고통이지만, 각 국면마다 우리는 다양한 방법으로 행복을 찾을 수 있다. 착각에 불과할지 언정 때때로 행복하다면 어떻게든 살아갈 수 있지 않을까? 나를 예로 들면, 모르는 사람과 만날 때나 매일 기분이 달라지는 가족과 함께일 때, 낯선 곳을 찾아갈 때, 새로운 것을 배울 때 작지만 확실한 재미를 느낀다. 그래서 살다 보면 재미있는 일이 생기리라고 믿는다. 어쩌면 이것이 내 "내면의 부"일지도 모르겠다(제3장 제3절 참조). 지금 나는 최대한 오래 살고 싶을 만큼 행복하다. 독자 여러분에게도 분명 내면의 부가 있을 것이다. 그것을 말로 일깨워주고 소중하게 키워줄 사람이 여러분 곁에 있기를 바란다. 그의 존재가 행복의 원천이 될 것이다.

행복이란 무엇일까? 주관과 객관은 어떤 관계일까? 이 책에서 이미 고찰한 주제가 지금 다시 떠오르는 독자도 있을 수 있다. 분명 매우 명민한 데다가 철학적인 문제를 스스로 생각하는 습관이 있는 독자일 것이다.

철학을 배우면 마음속의 모호한 의문을 철학적 질문으로 바꿀 수 있게 된다. 철학에는 사람들 대부분이 쉽게 언어화하지 못해서 괴로워하는 고민거리를 질문으로 바꾸고 배움으로 연결하는 힘이 있다. 그래서 모호한 의문을 철학적인 질문으로 바꾸면 신기하게도 마음이 맑아지면서 그 질문을 스스로 탐구할 수 있게 된다. 지혜를 사랑하는 행위인 철학이 마음을 관리하는 효과까지 발휘하여 전통적으로 "영혼 돌봄"으로 불리는 것도 그 때문이다. 이 책이 철학적 사고의 장점을 알리는 역할을 조금이라도 감당한다면 무척 기쁘겠다.

또한 "주"에 밝힌 대로 이 책의 내용 대부분은 내가 직접 만든 것이 아니라 선행 연구의 성과를 최대한 활용한 것이다. 뛰어난 점이 있다면 선배들의 공적이고, 졸렬한 점이 있다면 전부 내 잘못이다. 여러분도 혹시라도 내 해석과 다른 견해가 있다면 반드시 지적하여 서로 배우는 계기로 삼아주기를 바란다.

나는 지금까지 니체 철학을 주로 연구하면서 쇼펜하우어도 흥미롭게 공부해왔다. 대학원생 시절부터 내 행보를 따뜻하게 지켜봐주신 일본 쇼펜하우어 협회 여러분에게 깊이 감사드린다. 더 많은 독자들에게 쇼펜하우어를 소개하면 협회 여러분에게 조금이라도 보답할 수 있으리라는 마음으로 이 책을 집필하게 되었다.

바쁜 와중에도 나의 원고를 훑어보고 적절한 조언과 격려로 출판에 대한 용기를 불어넣어준 사이토 사토시, 다케우치 쓰나후미, 그리고 연구회 등의 자리에서 함께 배움을 심화해주신 모든 분께 진심으로 감사드린다.

원래 이 책은 고단샤의 고바야시 마사히로의 제안으로 시작되었다. 그후에도 하나하나 상담해주고 출판 과정을 추진해준 고바야시에게 진심으로 감사드린다.

마지막으로, 삶은 고통이라고 단언하는 이 이상한 책을 선택한 독자 여러분의 용기와 유머 감각에 큰 감사와 경의를 표하고 싶다.

2022년 8월

우메다 고타

주

제1장

1. 이번 장을 집필하면서 다음의 문헌을 참조했다. 각 문헌의 상세 정보는 "더 읽을 만한 책"에 게재했다. Walter Abendroth, 鎌田康男, Edouard Sans, Rüdiger Safranski, 遠山義孝. 또, David E. Cartwright, "Becoming the Author of World as Will and Representation: Schopenhauer's Life and Education 1788-1818", in: *The Palgrave Schopenhauer handbook*, ed. Sandra Shapshay, Palgrave Macmillan.

2. Schopenhauer in 1815. By Johann ChristTian Ruhl. Gettyimages.

3. 2012년 영화 「레미제라블」(톰 후퍼 감독, 휴 잭맨 주연)을 생각하면 이해하기 쉬울 것이다.

4. A. Schopenhauer, Der handschriftliche Nachlaß. 4-1, die Manuskriptbücher der Jahre 1830 bis 1852. Cholerabuch(1832), 36[89]. Hrsg. A. Hübscher, Waldemer Kramer, Frankfurt am Main, 1974. S. 96. 번역서 출간과 관련해서는 다음 문헌을 참고했다. 須藤訓任, 「哲学者の揺籃——ショーペンハウア―母

子の旅日記 1803-1804」,『哲学論叢』37, 京都大学哲学論叢刊行会, 2010, p.14.

5. 이 책에서 쇼펜하우어의 생애 전체를 상세히 다룰 수는 없으니 반드시 Rüdiger Safranski(1990)를 참고하자.

6. 鎌田康男(2007).

7. 쇼펜하우어는 비관주의자이기보다는 현실주의자라고 할 수 있다. 齋藤智志,「ショーペンハウアーはペシミストか?」,『ショーペンハウアー読本』, 法政大学出版局, 2007, p.63.

8. Rüdiger Safranski(1990), p.17.

9. Cartwright(2017), p.20f.

10. 피히테의 "지식학"은 영어로는 Science of Knowledge이지만 쇼펜하우어의 표현에 따르면 Science of Nulledge가 된다. Cf., Cartwright, p.23.

11. 일본 연구자들은 이 학위 논문 제1판에 소개된 쇼펜하우어의 초월론 철학에 주목하여, 대표작을 해석할 때에도 그 틀을 중시해야 한다고 주장해왔다. 그 성과에 관해서는 다음을 참조하자. アルトゥール・ショーペンハウアー『ショーペンハウアーの哲学の再構築─'充足根律の四方向に分岐した根について'(第一版)訳解』, 鎌田康男ほか翻著, 法政大学出版局, 2010. 그리고『ショーペンハウアー読本』. 기존 쇼펜하우어 연구에서는 제2판(1847)을 참조하는 것이 관례였지만 요즘은 제1판을 참고해야 비로소 쇼펜하우어 특유의 소박한 철학, "물자체"를 상정하지 않는 초월론 철학이 밝혀진다고 주장하는 연구자가 늘고 있다.

12. 1816년 쇼펜하우어는 괴테가 무려 20년 동안 색채론에 몰두한 사실을 알면서도 괴테의 찬성을 끝내 얻지 못한 채『시각과 색채에 관하여』를 출간했다. 쇼펜하우어는 평생 변함없이 색채론에 관심을 기울여, 1830년에『시각과 색채에 관하여』의 라틴어역을 학술 잡지에 게재했다. 또, 1851년의『여록과 보유』제2

권에는 괴테 탄생 100주년을 기념하는 "프랑크푸르트 괴테 앨범"의 기고문을 싣고「색채에 관하여」라는 논고를 수록하기도 했다.

13. *Gesammelte Briefe*, hrsg. Von Arthur Hübscher, Bouvier, 1987, S. 654 참조.

14.『우프네카트』는 산스크리트어로 기록된 브라만교 경전이자, 고대 인도 철학의 "비법서"인『우파니샤드』일부를 17세기 무굴 제국 왕자 다라 쉬코의 지시에 따라 페르시아어로 번역한 것이다. 이것을 프랑스의 동양학자 안퀴틸 뒤페론이 라틴어로 번역했는데, 그 책을 쇼펜하우어가 읽었다.

15. Marie-Elisabeth de Polier(1809), *Mythologie des Indous*, Roudolstadt et Paris.

16. Urs App(2006), "Schopenhauer's Initial Encounter with Indian Thought," in : *Schopenhauer-Jahrbuch* 87, S. 35-76. S. 57.

17. 엄밀히 말해 이후에도『자연에 대하여*Ueber den Willen in der Natur*』의 개정증보판 등을 출간했지만 저작을 편찬했다는 의미에서는『여록과 보유』가 마지막이다.

제2장

18. 이 책에서 대표작을 인용할 때는 다음 일본어판을 참고했다. 『ショーペンハウアー全集』, 白水社, 1972-1975.『意志と表象としての世界』, 中央クラシックス, 2004.

제3장

19. 일본에서는『ショーペンハウアー全集』(白水社)에 수록되어 있다. 각 논고의 제목은 적당히 변경했다.

20.『幸福について』, 鈴木芳子 訳, 光文社, 2018. 본 논고에서 인용할 때에는 이 책을 참고하여 적당히 변경하며 발췌 번역했다.

21. Schopenhauer und Butz. Von Wilhelm Busch. Gettyimages.

22. David E. Cartwright (2005), *Historical dictionary of Schopenhauer's Philosophy*, Scarecrow Press, p.136.

23. 『読書について 他二篇』, 斎藤忍随 訳, 岩波書店, 1983. Vgl., Zürcher Ausgabe, Werke in 10 Bänden, Diogenes, 1977. Bd. X, S.538f.* 참조

24. 『ショーペンハウア―随感録』, 秋山英夫 訳, 白水社, 1978. Vgl., Zürcher Ausgabe Bd. X, S.638f.

25. 같은 책.

제4장

26. 이번 절의 집필에는 다음 문헌을 참고했다. 각 문헌의 상세 정보는 "더 읽어볼 만한 책"에 게재했다. 井上克人(2007), 茅野良男(1975) 및 兵頭高夫(1990), 藤田正勝(2018).

27. 이 정의는 다음 문헌을 참고했다. 森岡正博, 『生まれてこないほうが良かったのか?―生命の哲 へ!』, 筑摩書房, 2020.

28. David Benatar, *Better Never to Have Been*, Oxford University Press, 2006.

29. 태어나지 않으면 고통받는 생명이 존재하지 않으므로 더 낫다는 것. 이런 사고방식은 반생식주의("인간은 자식을 낳지 않는 편이 낫다") 또는 절멸주의("인간은 멸망하는 편이 낫다") 등으로 이어진다. 반출생주의와 반생식주의가 동일시되기도 하지만, 이 책에서는 이 두 가지를 "이미 태어나버린 자의 문제"와 "지금부터 태어날지 모르는 자의 문제"로 구별하고, 쇼펜하우어가 주로 논했다고 여겨지는 전자만 다루었다.

30. フリードリッヒ. ニーチェ, 『悲劇の誕生』, 秋山英夫 訳, 岩波書店, 1966, p.44.

31. 森岡正博, 앞에 나온 책, p.113.

32. 『意志と表象としての世界』속편 제41장, 『ショーペンハウア―全集』, 白水社, 제7권, p.77. W II, Bd. II, Kap. 41. S. 649

(Suhrkamp).

33. 『意志と表象としての世界』속편 제48장, 『ショーペンハウアー全集』, 白水社, 제7권, p.226 이하. W II, Bd. Ii, Kap. 48. S. 775, Suhrkamp.

34. "초역사적 철학"에 관련해서는 니체의 『반시대적 고찰*Unzeitgemäße Betrachtungen*』 제2논문 "삶에 대한 역사의 공과"를 참고하자.

35. 다음 참고. 『ドイツ哲学史 1831-1933』(H. Schnaedelbach, *Philosophie in Deutschland 1831-1933*), 舟山俊明 ほか 訳, 法政大学出版局, 2009. 또, Frederick C. Beiser(2014), *After Hegel: German Philosophy 1840-1900*, Princeston University Press.

더 읽어볼 만한 책

철학적 토론을 다룬 뛰어난 입문서

Thomas Nagel, *What Does It All Mean?: A Very Short Introduction to Philosophy*, Oxford University Press, 1987

大森荘蔵, 『流れとよどみ―哲学断章』, 産業図書, 1981.

* 단, 탁월한 철학적 토론을 실현하기 위해서는 앞 세대의 토론을 본받아 정확한 언어를 사용하는 것이 중요하다. 그런 의미에서 철학 공부는 곧 역사 공부이므로 결코 철학사를 소홀히 여겨서는 안 된다. 또 쇼펜하우어 철학을 배우려면 칸트 철학에도 입문할 필요가 있다.

『哲学の歴史』シリーズ, 中央公論新社, 2007-2008.

『世界哲学史』シリーズ, ちくま新書, 2020.

御子柴善之, 『自分で考える勇気―カント哲学入門』, 岩波ジュニア新書, 2015.

쇼펜하우어 입문서

竹内綱史「第3章 西洋批判の哲学」, 『世界哲学史7 近代 II―自由

と歴史的発展』所収, ちくま新書, 2020.

齋藤智志,「生と哲学 ショーペンハウアー ー〈戦い〉としての哲学的生」,『ヨーロッパ現代哲 への招待』所収, 梓出版社, 2009.

鎌田康男,「ショーペンハウアー」,『哲学の歴史 9ー反哲学と世紀末』所収, 中央公論新社, 2007.

遠山義孝,『人と思想 77 ショーペンハウアー』, 清水書院, 1986.

쇼펜하우어 철학 개론서 및 전기

Edouard Sans, *Schopenhauer*, Presses Universitaires de France, 1994.

Rüdiger Safranski, *Schopenhauer und Die wilden Jahre der Philosophie*, Harvard University Press, 1990.

Walter Abendroth, *Arthur Schopenhauer*, Rowohlt Taschenbuch, 1975.

쇼펜하우어 철학 연구서

齋藤智志, 高橋陽　郎,『ショーペンハウアー読本』, 法政大学出版局, 2007.

* 쇼펜하우어 인식론, 자연 철학, 윤리학, 예술론, 종교론 등 다양한 주제를 다룬 연구서는 아래와 같다.

Georg Simmel, *Schopenhauer and Nietzsche*, Duncker & Humblot, 1907.

쇼펜하우어의 학위 논문을 연구하기 위한 필독서

鎌田康男, 齋藤智志, 高橋陽一郎, 臼木悦生　訳者,『ショーペンハウアー哲学の再構築』, 法政大学出版局, 2010.

쇼펜하우어 철학의 관념론과 실재론의 모순에 관한 연구서

高橋陽一郎,『藝術としての哲学　ショーペンハウアー哲学における矛盾の意味』, 晃洋書房, 2016.

쇼펜하우어의 실천 철학 및 정치사상에 관한 연구서

伊藤貴雄, 『ショーペンハウアー―兵役拒否の哲学―戦争・法・国家』, 晃洋書房, 2014.

遠山義孝, 『人と思想77 ショーペンハウアー』, 清水書院, 1986.

쇼펜하우어의 자유론에 관한 연구서

板橋勇仁, 『底無き意志の系譜 ショーペンハウアーと意志の否定の思想』, 法政大学出版局, 2016.

쇼펜하우어의 윤리학에 관한 연구서

Michael Hauskeller, *The Meaning of Life and Death*, Bloomsbury USA Academic, 2019.

쇼펜하우어와 인도 철학의 관계에 관한 연구서

『ショーペンハウアー研究』, 第三号(湯田豊, 「ショーペンハウアーとインド哲学」, 1996), 第六号(橋本智津子, 「ショーペンハウアーとウプネカットにおける自己認識の問題を中心に」, 2001), 第九号(松濤誠達, 「ウパニシャッドとは何か ショーペンハウアーの理解をめぐって」, 2004), 日本ショーペンハウアー協会

湯田豊, 『ショーペンハウアーとインド哲学』, 晃洋書房, 1996.

兵頭高夫, 『ショーペンハウアー論 比較思想の試み』, 行路社, 1985.